Dieter Kreutzkamp, Jahrgang 1946, packte nach Jahren der Schreibtischarbeit das Fernweh. Gemeinsam mit seiner Frau und später auch der kleinen Tochter bereiste er in zwölf Jahren über 100 Länder.

Auf der Suche nach den faszinierendsten Naturschauplätzen der Welt, kam Dieter Kreutzkamp zwangsläufig auch nach Kanada und Alaska. Seitdem haben die Länder am Polarkreis und insbesondere der legendäre Yukon River den Reiseschriftsteller und Fotografen in seinen Bann gezogen.

Seine Reportagen und Fotos wurden in zahlreichen Illustrierten sowie Reisemagazinen veröffentlicht. Darüber hinaus ist er Buchautor mehrerer Reiseberichte, unter anderem über seine Teilnahme am berühmtesten Schlittenhunderennen der Welt, dem Iditarod in Alaska.

DIETER KREUTZKAMP

YUKON RIVER

*Im Kajak allein
zum Beringmeer*

*Ein Buch der Partner
Goldmann und National Geographic*

Alle Fotos stammen vom Autor, wenn nicht anders vermerkt.
Ebenso die gezeichneten Flusskarten
auf den Seiten 215 bis 221.

SO SPANNEND WIE DIE WELT.

Dieses Werk erscheint in der Taschenbuchreihe
NATIONAL GEOGRAPHIC ADVENTURE PRESS
im Goldmann Verlag, München.

1. Auflage Juni 2002, Originalausgabe
Copyright © 2002 NATIONAL GEOGRAPHIC ADVENTURE PRESS
im Goldmann Verlag, München,
in der Verlagsgruppe Random House GmbH
Alle Rechte vorbehalten
Lektorat: Angelika Geese-Heinemann, München
Karte: Margret Prietzsch, Gröbenzell
Umschlaggestaltung: Maria Seidel, Altötting
Herstellung: Sebastian Strohmaier, München
Satz: Uhl + Massopust, Aalen
Druck und Bindung: Clausen & Bosse, Leck
ISBN 3-442-71146-0
Printed in Germany

Das Papier wurde aus chlorfrei gebleichtem Zellstoff hergestellt.

Inhalt

Yu-kun-ah – Durch ein weites Land	11
Über den Chilkoot-Pass zum Yukon	17
Zwischen Whitehorse und Dawson City	29
Wenn Reisen Alltag wird	38
Aufbruch ins Ungewisse	46
Von Pelzhändlern und Goldcreeks	63
Dawson City – Die Geburtsstadt der Millionäre	69
Welcome to Alaska!	83
Am Polarkreis	92
Die Falle im Labyrinth	100
Leben am großen Fluss	114
Bei Lachsfischern und Buschpiloten	123
Aussteiger und Schlittenhundeführer in der Wildnis	132
700 Pfund Lachs auf einen Streich	163
Mit Flößern im Yukon-Delta	185
Nachwort	192
Tipps für Yukon-Reisende	194

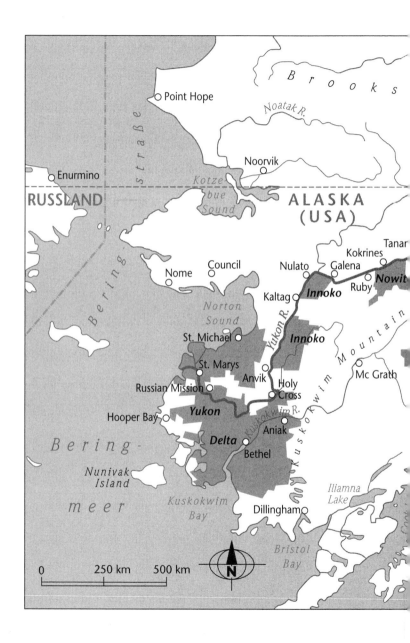

Der Zauber des Yukon

Da ist ein Land, in dem die Berge namenlos sind
und die Flüsse Gott weiß wohin fließen ...
Da sind Täler ohne Menschen und still.
Da ist ein Land – oh, wie es lockt ...
Ich möchte zurück ... und ich werde einst gehn!

Nach Robert Service, dem Barden des Yukon

Yu-kun-ah
Durch ein weites Land

Yukon – der Name ist Legende. Was den Fluss über Nacht in der ganzen Welt berühmt machte, war nur ein Stück glänzenden Metalls. Danach dauerte es nicht mehr lange, bis 100 000 Menschen an seinen Ufern nach Gold fieberten.

Doch der Yukon River war und ist mehr als nur ein *Highway* zum Klondike-Gold. In einer Welt, die rasant enger wird, in der täglich Naturräume unwiederbringlich vernichtet werden, ist das Land am Yukon eine der letztverbliebenen Wildnisregionen unserer Erde mit einem lebendigen Hauch von dem »Wie's-damals-war«. Der Zauber des Yukon, wie ihn schon Robert Service empfand, blieb erhalten, der Schuss Abenteuer auch.

Dafür sorgen auch die Menschen, denen man unweigerlich begegnet. Viele sind Trapper, Fischer, Hundezüchter, manche kamen als Aussteiger. Sie blieben, erlagen der Faszination des großen Stroms, formten den durchaus nicht homogenen, bunten Menschenschlag des Nordens.

Hier und da stößt man in diesem weiten Land, das der Yukon River durcheilt, auf eine verbeulte Feldflasche oder einen alten Schuh. Mag die Fantasie bestimmen, ob es einst Jack London war, der daraus trank, der ihn trug. Im dichten Ufergestrüpp ruhen noch immer die monströsen hölzernen Leiber gestrandeter Schaufelraddampfer wie vergessen. Wer an ihnen vorbei paddelt, mag sie wie einen Gruß aus einer Zeit empfinden, die nie wieder so sein wird wie *ninety-eight*, 1898, als der Yukon für Zehntausende der Nabel der Welt war.

Die Faszination des großen Stroms besteht noch heute. Man kann sich ihr nicht entziehen, wenn man in einer dieser milden Sommernächte, die das Land am Polarkreis nie in völlige Dunkelheit versinken lassen, still im Boot auf ihm entlangtreibt.

Ungezählte Menschen haben ihn befahren seit 1883, als ein junger Leutnant namens Frederick Schwatka erstmals den Yukon River zu Forschungszwecken mit einem grob gehauenen Floß südlich vom heutigen Whitehorse bis hoch zum Hafen St. Michael an der Beringstraße befuhr.

Gut hundert Jahre ist das her, aber welchen Stellenwert hat hier schon die von Menschen gemachte Zeit, in einer Wildnis, die ihr natürliches Gesicht über Jahrtausende weitgehend bewahren konnte. Wo heute Bären dieselben Wildwechsel benutzen, hier und da verweilend, um sich Zweige voller Beeren durch den geöffneten Rachen zu ziehen wie unzählige Bärengenerationen vor ihnen.

Friedlich ist dieses große Land. Selten, dass ein Auto brummt, eine Maschine heult. Nur wenn du die Augen schließt, glaubst du manchmal, das dröhnende Gelächter, den wilden Gesang, aber auch die Flüche der Burschen zu hören, die zu Fuß und in Booten dem ersehnten Glück am Klondike nachjagten. Menschen, die alles auf eine Karte gesetzt hatten. Bankangestellte, Farmer und Verkäufer aus dem amerikanischen Süden oder dem Osten. Der große Fluss veränderte ihr Leben schnell.

Aber der Name des Yukon River ist nicht nur eng mit der *Klondike-Story* verbunden. Er war und ist einer der großen *Highways of the North*, das wichtigste Verbindungsglied zur Außenwelt. Das gilt bis auf den heutigen Tag.

Yu-kun-ah, großer Fluss, hatten die Indianer des Nordens ihn genannt. Er gehört zu den mächtigsten, wenn auch mit 3185 Kilometern nicht zu den längsten Strömen der Erde. In Nordamerika belegt er damit Platz fünf. Für die, die an ihm leben, Indianer, Inuit und Weiße, ist er die Nummer eins, denn er ist es, der ihr Leben bestimmt. Als Verkehrsader im Sommer, wenn schwere Motorboote seine Wasser durchpflügen, und im Winter, wenn sein Eis Motorschlitten und Hundegespanne trägt.

In den unwegsamen Wildnissen Alaskas mehr noch als im Westen Kanadas, wo inzwischen diverse Straßen als Ableger des Alaska Highway das Land durchtrennen, ist der Yukon noch immer die wichtigste Hauptstraße. Vom kanadisch-alaskanischen Grenzgebiet zieht er sich 2035 Kilometer durch die Mitte Alaskas, trennt den 49. US-Bundesstaat in fast zwei gleich große Teile. Spektakuläre Bergriesen und Gletscherzungen, die die Ufer begrenzen, wird man hier vergeblich suchen. Stattdessen säumen unermesslich weite Wälder und Tundren seinen Lauf. Nach einer langen Reise vom Lake Bennet nahe der Grenze zu British Columbia erreicht er breit, ausladend, majestätisch den Norton Sound, einen Arm des Beringmeeres.

Ich lehne mich zurück, schließe die Augen und lasse den Yukon River und die bunten und wilden Typen, die ihn befuhren, an mir vorbeiziehen. Ich sehe Jack London. Sehe andere schillernde Figuren, wie die Westernikone Wyatt Earp, der, nachdem er Sheriff in Tombstone gewesen war, in Alaska einen *Saloon* eröffnet hatte. Einer von jenen, denen es nicht gelungen war, das große Glück zu machen, sprach von seinem Leben am Yukon stellvertretend für tausend andere: »Ich bin nicht reich geworden durch *Nuggets*, aber auch nicht ärmer als zuvor. Und doch kann ich mir kein Abenteuer vorstellen, das mir innerlich mehr hätte geben können. Nein, ich habe keinen Grund, irgendetwas zu bereuen.«

Und so begann es: Es war einer jener klaren Abende, wie sie für den Norden typisch sind. Nur ein paar Autostunden von der Olympiastadt Calgary entfernt saß ich in den Rocky Mountains am Lagerfeuer. Aromatischer Rauch zog langsam über den See, schwebte wie hauchdünne Gaze über dem Wasser.

Ich mag solche Augenblicke. Ich liebe es, mitten in der Natur zu sein, weit weg vom Lärm und von der Unrast der Städte. Vermutlich ist es die ständige Suche nach Ruhe in der Natur, die mich während meiner vieljährigen Reisen rund um die Erde geführt hat

Dabei bin ich dem Abenteuer nie aus dem Wege gegangen.

Das Außergewöhnliche in der Natur reizt mich. Nicht das Hals-über-Kopf-hinein-ins-Geschehen, mehr das Abwägende und Behutsame. Gut, dass Juliana immer dabei war – bis auf eine Ausnahme: meinen Alleingang zum Beringmeer. Vieles wäre sonst anders verlaufen. So aber hat sie den gelegentlich überschäumenden Tatendrang des im Sternzeichen des Zwillings Geborenen dann und wann auf den Boden der nüchternen Tatsachen geholt. Und doch, wenn ich zurückschaue, sehe ich interessante und auch extreme Abenteuer. Dabei kostete es die leidenschaftliche Erzieherin Juliana, die seit vielen Jahren mit mir durch die schönsten Ecken der Welt streift, schon Überwindung, ihren Job als Leiterin eines Kindergartens zugunsten einer Weltreise aufzugeben, so wie ich damals als Beamter auf Lebenszeit ausstieg. Damit hatten wir beide unsere sichere Existenz zurückgelassen. Aber es sollte sich bestätigen, dass es ein richtiger Entschluss gewesen war, die Enge von Amtsstube und Krabbelstube gegen die Freiheit der *Highways*, der einsamen Pfade und stillen Flüsse einzutauschen.

Von Europa hatten wir uns gemeinsam über Afrika, Asien, Australien und später Fernost langsam aber beharrlich nach Nordamerika vorgearbeitet; zunächst in einem Uralt-VW-Bulli, den wir *Methusalem* nannten, dann zu Fuß, auf Fahrrädern und später auch per Motorrad.

Als wir Kanada erreichten, waren wir bereits mehrere Jahre *on the road*. Eine gute Zeit, um sich kennen zu lernen, denn nichts schweißt nahtloser zusammen als die Gemeinsamkeit auf Reisen. Umso überraschter war ich, als Juliana eines Abends in den Rocky Mountains vorschlug, noch im selben Sommer hoch zur Hudson Bay zu paddeln. Meistens bin ich es, der mit seinen Ideen vorprescht, die dann Juliana mit der nötigen Sachlichkeit weiter ausführt, bis – sie sagt das gelegentlich mit einem Schmunzeln – aus einer meiner verrückten Ideen ein konkreter Plan wird.

So starteten wir. Mit unserem frisch erstandenen neuen Camper und einem Kanu huckepack fuhren wir nach The Pas im Norden Manitobas.

Eine Bimmelbahn brachte uns von dort bis in die Nähe eines Indianerdorfs namens Pukatawagan. »Könntet ihr dort stoppen, wo die Eisenbahn den Churchill River berührt?«, hatte ich den Zugführer gefragt. Mir schoss in diesem Moment durch den Kopf, was wohl sein Kollege daheim auf der Intercity-Strecke Hamburg-München zu solchem Anliegen sagen würde. Dieser schmunzelte. Ich hörte ein freundliches *no problem* und der Moos-Express (Blumenpflücken während der Fahrt verboten!) hielt tatsächlich allein für uns mitten in der Wildnis.

Wir stiegen aus und beluden unser Kanu. *Loon* hatten wir es genannt, nach dem nördlichen Tauchvogel, dessen vibrierendes, sehnsüchtig klagendes Lachen und Rufen mir unter die Haut geht. Dann starteten wir in ein Labyrinth von Seen, ein

Kanu-Eldorado, wie es unser Planet nur in wenigen Regionen bietet.

Am 16. Juni, nach mehreren Wochen Paddelei, kam die Ernüchterung auf dem Southern Indian Lake:

Eis! Eine durchgehende Schicht. An Weiterfahrt war nicht zu denken.

Wir kehrten um, doch der Nordlandmoskito hatte mich in jenen Tagen gestochen, ein Stich, der süchtig nach dieser Landschaft macht. Noch im selben Sommer näherten wir uns über den Alaska Highway dem hohen Nordwesten Amerikas, dem Yukon Territory und Alaska. *There's a river… the Yukon… and tons of gold!*, hatte man sich 1897 hinter vorgehaltener Hand über dieses Land zugeraunt.

Ich träumte davon, hier den Spuren des wildesten Goldrausches aller Zeiten zu folgen. Ein irres Unterfangen damals, bei dem der Yukon die Hauptstraße ins Abenteuer bildete, für die einen vom Beringmeer aus flussaufwärts, für die Masse der Abenteurer aber war der Ausgangspunkt Skagway an der Nahtstelle von Kanada und Alaska. Alle Routen führten in jenen Tagen nach Dawson City am Klondike.

Auch heute gibt es noch Gold an den Ufern des Yukon. Doch ich suchte mehr.

Über den Chilkoot-Pass zum Yukon

In Skagway wurde ich fündig.

Eine Stadt, deren Lage fast als Synonym für Alaska, seine Wildheit und die Unbeugsamkeit seiner Natur, gelten kann. Skagway, das sind tief ins Land eingeschnittene Buchten, in denen Tümmler ihre Kapriolen schlagen, Wälder, die von den Ufern des Taiya Inlet die Hänge hoch kriechen und wie ein dunkelgrüner Mantel die Wildnis umschließen. In ihren unerreichbar scheinenden Wipfeln ist der weißköpfige Seeadler unangefochtener Herrscher, während an den von der Brandung benagten felsigen Ufern der hungrige Schwarzbär stromert, der nichts anderes im Sinn hat, als sein nach dem Winterschlaf schlotterndes Fell wieder seidig glänzend und straff zu bekommen, damit es im Herbst einen prallen, muskulösen Körper umspannen kann.

Sein Zeitplan ist eng. Zwischen Mai und Oktober mästet sich der Bär mit Wurzeln, jungen Sprösslingen von Büschen und Bäumen, und er gräbt nach Ameisen und Engerlingen. Doch das alles in Erwartung der noch fetteren Beute wie einem unachtsamen Elchjungen, dessen staksige Beine bei der Flucht versagten, oder einem der in der Regel sehr aufmerksamen Erdhörnchen.

Der Sommer hier bei Skagway zeigt sich üppig und verschwenderisch. Stachelbeerbüsche neigen sich unter der Last der Früchte, Preiselbeeren liegen über dem felsigen Grund wie ein fein gewobener roter Teppich und vor den Blaubeerbüschen überkommt im Spätsommer nicht nur den Schwarzbären die Lust am großen Fressen.

Argwöhnisch wittert der Schwarzbär in die Runde, denn er weiß, er ist nur die Nummer zwei in dieser Wildnis. Schon verdrückt er sich vorsichtig an den Rand des Trails. Da war ein Brechen im Unterholz zu hören. Und plötzlich entdeckt er den muskulösen Leib mit dem rauflustig nach vorn gereckten Kopf des Grizzlys.

Nur gelegentlich durchtrennt das Tuten eines Schiffshorns die Stille an den Quellwassern des Yukon, immer dann, wenn eine der großen blauen Fähren mit den Namen *Malaspina*, *Columbia* oder *Matanuska* hier einlaufen.

Doch was stört das den Bären. Nicht mal den Kopf hebt er im sicheren Busch. Und unbeirrt zieht der Weißkopfseeadler über ihm seine Kreise, immer engere, bis der schwarzweiße Vogel, pfeilschnell auf den Lachs niederstürzt.

Nicht mehr Aufmerksamkeit brachten Bär und Adler den Geschehnissen in und um Skagway entgegen, als 1897 die Frequenz der ankommenden Schiffe höher wurde. In Schüben spuckten die Schiffe Menschen aus ihren übel riechenden Bäuchen. Das waren keine Luxusliner, und viele derer, die von der langen Reise benommen an Land torkelten, hatten nur ein Einwegticket in der Tasche. »Die Rückreise...«, manch einer dieser Kerle lachte grölend, »...mit Pauken und Trompeten und einer Kiste *Goldnuggets* unterm Arm...!«

Es war die Zeit, als Träume, kühne Pläne und Hoffnungen Hochkonjunktur hatten, dieser Herbst des Jahres 1897. Erst wenige Monate zuvor war die Nachricht vom Klondike-Gold um die Welt gegangen. Seitdem wurde die Zelt- und Holzbarackensiedlung von Tag zu Tag größer. Skagway und Dyea am Ende des Taiya Inlets, der nördlichsten Verästelung der alaskanischen Inside-Passage, avancierten über Nacht zur Top-Adresse für Glücksritter aus aller Welt. Hier begann die letzte 1000-Kilometer-Etappe zum Klondike-Gold; der Großteil davon war auf dem Yukon River zurückzulegen. Und Skagway zählte ein paar Wochen nach Ankunft der ersten Schiffe schon 10000 Einwohner.

Jeder habe Verpflegung und Ausrüstung für mindestens ein Jahr mitzuführen, forderte die Polizei auf dem unweit von Skagway beginnenden kanadischen Territorium von allen heran drängenden Goldsuchern. So schleppten Abertausende im Winter 1897/98 ihre Kisten und Säcke wie Maultiere auf dem eigenen Buckel über die Berge zu den Quellwassern des Yukon. Die Temperatur war auf minus 30°C gefallen. Bilder von einer endlosen Menschenkette im Schnee gingen um die Welt. Wer es schaffte, sich bis zum Lake Bennett durchzuschlagen, kaufte oder baute sich ein Boot, um damit die restlichen 900 Kilometer bis zum Klondike auf dem Yukon zurückzulegen.

Seit langem ist es in Skagway wieder still geworden. Doch es ist nicht die Friedhofsruhe einer *Ghost Town*, wenn auch oft Küstennebel wie kalte Geisterfinger die Buchten und Fjorde landeinwärts dringen und Wolken sich von Westen her über die Coastal Mountains schieben. Im Winter bringen sie Unmengen von Schnee, im Sommer ist hier die Heimat der Regengötter.

Vielleicht stutzt einen Moment lang der Bär, unterbricht seinen Kampf mit dem in seinen Pranken zappelnden Lachs und schaut auf, wenn sich während der kurzen Sommermonate mit herrlich langen Tagen Wohnmobil an Wohnmobil reiht, und Ankömmlinge aus aller Welt sich einfinden, um dem legendären Trail von anno '98 zu folgen.

Auf hölzernen Fußwegen bummeln sie durch Skagway, das immer noch ein wenig an die *Boom*-Zeit erinnert. Mit unbewegtem Gesicht blickt Pard, der einarmige Bandit, eine lokale Berühmtheit, auf die Besucher. Aus dem Fenster des Golden North Hotel lächelt in eindeutiger Absicht eine Dame mit großem Dekolleté den vorbeiziehenden Männern zu. Doch dann erkennt man, dass jene *Madam* aus Pappmaché ist. Auch das *Mascot*, Skagways Kneipe, besitzt noch das Flair der Jahrhundertwende, und auf dem Originaltresen stehen Black Bird Gin und Rainier Beer. Doch wer sich jetzt auf den Barhocker setzt, den Revolver lockert und einen doppelten Whisky bestellen will, sollte noch einmal genauer hinsehen: Die *Mascot Bar* ist Teil von Skagways National Historical Park. Die Aufschrift an der Tür des Juweliers von nebenan hingegen ist von heute: *Lost wives found here,* abhanden gekommene Ehefrauen können hier abgeholt werden.

Einen Augenblick blickt der Weißkopfseeadler irritiert vom Rand seines Nestes in der Spitze der riesigen Sitkafichte auf, als eine zweimotorige Maschine ihr hämmerndes Stakkato in die Stille schickt. Das Wasserflugzeug entschwebt über den Baumwipfeln, um seine Passagiere in die spektakuläre Gletscherwelt der Glacier Bay zu bringen.

Jack London hätte auch heute seine Freude an Skagway. Ohne ihn, ohne das Klondike-Gold und die sich darum rankenden Histörchen, die wahren und die mit ehrlichster Miene abends in den *Saloons* erfundenen, wäre der Name des großen Flusses, der quirlig, klar und spritzig das kanadische Yukon Territory durcheilt, sich aber später braun und träge durchs Herz Alaskas wälzt, kaum in aller Munde gewesen.

Es waren die ersten rund 800 Flusskilometer zwischen Lake Bennet nördlich von Skagway, auf denen sich Tausende in Richtung Goldfelder durchschlugen. Aber was waren schon lächerliche 800 Kilometer! Viele von ihnen hatten bereits eine Reise um die halbe Welt hinter sich. Von San Francisco oder Seattle aus waren sie dann mit Schiffen immer dicht entlang der Westküste durch das Labyrinth von Inseln, Buchten, Wasserarmen und Wäldern entlang der Gletscher und Berge nach Skagway gefahren, dem nördlichsten mit Schiffen erreichbaren Punkt. Dann kam der Endspurt. Zunächst folgten sie einem alten als Chilkoot Trail bekannten Indianerpfad. Es ging zu Fuß über steile Küstenberge, während östlich davon die Quellwasser des jungen Yukon River leise murmelten.

Gerüchte vom Gold im Yukon Valley hatte es schon seit langem in dieser schwer zugänglichen Wildnis gegeben.

Siedlungen und Goldgräbercamps entstanden, manche verfielen. Und während jener Zeit, in der noch niemand etwas vom Klondike-Schatz ahnte, lebten bereits in der Siedlung Fortymile, nur ein paar Paddelstunden flussabwärts vom späteren Dawson City, 1000 Goldgräber. Einer von ihnen war ein gewisser Robert Henderson gewesen. Aufgrund seiner geologischen Kenntnisse und der von ihm vorgenommenen Bodenuntersuchungen hatte er sich zu der Behauptung hinreißen lassen: »Die Goldklunker am Klondike warten nur darauf, entdeckt zu werden.«

Henderson selbst sah keinen einzigen. Man munkelt, es sei ein Whisky zu viel im *Saloon* von Fortymile gewesen, der seine Zunge gelöst und unbeabsichtigt den entscheidenden Tipp gegeben hatte. Das Trio George Washington Carmacks, Skookum Jim und Tagish Charley aber folgte zielsicher seiner Beschreibung und kam an einen Bach nahe dem Klondike River, der damals den Allerweltsnamen Rabbit Creek trug. Einer von Carmacks' indianischen Begleitern entdeckte hier am 17. August 1896, während er Flusswasser trank, Gold. Zitiert wird er mit den Worten:

»… da lag das schimmernde Zeug – eingeschlossen wie Käse im Sandwich.«

Ein Jahr lang wurde der Goldfund vom Kaninchenbach, bald schon Bonanza Creek genannt, als Geheimtipp unter den hier lebenden Goldsuchern, Händlern und Fallenstellern gehandelt. Bereits binnen eines Monats nach dem Freudentanz der drei Glückspilze waren 200 *Claims* am Bonanza Creek und seinem Seitenarm, dem Eldorado Creek, abgesteckt. Fortymile, gestern noch Hauptort der Region, verkümmerte zur Geisterstadt. Jeder, der laufen oder paddeln konnte, wurde vom Klondike-Gold angezogen wie die Motten vom Licht.

Die Filetstücke entlang der Gold Creeks waren also längst vergeben, als im Juli des darauf folgenden Jahres 1897 die Dampfer Portland in Seattle und Excelsior im Hafen von San Francisco anlegten. In ihren Frachträumen lag, was die Zeitungen sensationslüstern als »eine Tonne puren Goldes« bezeichneten.

Die Kommunikationstechniken waren zu dieser Zeit bereits so weit entwickelt, dass die Neuigkeit blitzschnell um die Welt ging. Fotografen und Journalisten dokumentierten das Ereignis und stachelten die Gier an. Zuschauer und Leser kamen auf ihre Kosten. Einer dieser Männer, in dessen späteren Erzählungen die Härte, aber auch die Faszination jener Tage fortlebt, war der Austernpirat, Seemann und Landstreicher Jack London. Der junge Kalifornier hatte sich auf abenteuerliche Weise durchs Leben geschlagen, bis der Lockruf der Wildnis ihn packte.

Zu jener Zeit verband noch keine einzige Straße Alaska und das Yukon Territory mit den erschlossenen Gebieten des amerikanischen Westens. Vor den Männern und den wenigen Frauen lag ein mörderischer Weg, wollten sie ihre Träume wahr werden lassen.

Einige folgten vom kanadischen Edmonton aus dem Atha-

Menschenkette am Chilkoot-Pass zur Zeit des Goldrausches.
© Alaska State Library, Eric A. Hegg

basca, Slave und dem Mackenzie River, von dessen Mündungsdelta sie sich unter Strapazen über den Porcupine und den Yukon zum Klondike River nach Westen durchschlugen. Die meistfrequentierte, auf den ersten Blick schnellste Route aber war die per Schiff nach Skagway und weiter zu Fuß über den Chilkoot-Pass zum Lake Bennett und damit zu den Yukon-Quellwassern.

Auch wir, Juliana und ich, waren fest entschlossen, den Chilkoot Trail, den Pfad jener Glücksritter zu gehen. Und dieser Trail sollte für uns zu einer der merkwürdigsten Erfahrungen unseres Lebens werden, obwohl wir kaum einer Menschenseele begegneten.

Der Sommer ließ noch immer auf sich warten, und stellenweise lag noch Schnee auf dem Trail, doch nicht so viel, um die alten Spuren zu verdecken. Zwischen Gras und Steinen entdeckten wir zerschlissene Lederschuhe, verwitterte Räder und mitten im Gebirge sogar einen zentnerschweren Eisenofen.

Schon begann meine Fantasie zu arbeiten und hauchte den Gegenständen bewegte Bilder ein: Ich sah vor meinem inneren Auge, wie all diese Dinge von bärtigen Männern geschleppt wurden, warm gekleidet im Stil des ausgehenden 19. Jahrhunderts. Alle Überreste, auf die sich achtlos die Füße der Nachdrängenden gesetzt hatten, sie alle hatten ihre bewegte Geschichte: gekauft mit größten Hoffnungen, in vielen Häfen der Welt verpackt, um im Hafen von Seattle ihre letzte Reise zum »teuflischsten Pfad diesseits der Hölle« anzutreten. So die treffenden Worte einer Zeitgenossin namens Martha Louise Black in jenem irren Winter 1897/98, dem Höhepunkt des Goldrausches, als Massen nach Dawson City strömten.

Skagway, ein Name, der in der Sprache der hier ansässigen Chilkat-Indianer »Heimat des Nordwindes« bedeutet, war wie fast alle Orte Alaskas, die mit Gold in Verbindung standen, ein übler Platz. Recht hatte, wer die kräftigere Faust oder den schnelleren Finger am Abzug des Schießeisens besaß. Gewalttätigkeiten, Überfälle, Schießereien und Betrug beim Glücksspiel waren an der Tagesordnung. Skagway befand in der Hand eines Halunken namens Soapy Smith, der die Obrigkeit gekauft und mit Gewalt seine Spielregeln durchgesetzt hatte. Soapy war zum Witwenmacher Nummer eins geworden, bis er am 8. Juli 1898 an den Falschen geriet, schwer bewaffnet, doch einen Sekundenbruchteil zu langsam mit dem Finger am Abzug seines Colts Kaliber 45. Das war das Ende von Soapy Smith, gleichzeitig aber der Anfang einer von vielen langlebigen Legenden aus der Goldrauschzeit.

Zwei Wege gab es damals von Skagway zum Yukon River. Zum einen den White-Pass und dann den Trail der armen Schlucker, eben jenen Chilkoot. Wer über den White-Pass wollte, benutzte Pferde. Doch nur ein Teil jener Abertausend, die das Innerste ihres Sparstrumpfes nach außen gekehrt hatten, um überhaupt nach hier kommen zu können, konnte sich diesen Luxus leisten.

Und doch wurden während des Frühjahrs 1898, als rund 30000 Menschen über den Chilkoot-Pass keuchten, auf dem White-Pass mehr als 3000 Pferde zu Tode geschunden. Die Kadaver dieser erbarmungslos in den Winter hineingetriebenen Kreaturen säumten den Weg. Aber auch der Chilkoot forderte Tribut, wenngleich einen deutlich geringeren. Auf dem Friedhof von Dyea, einer Ansiedlung unmittelbar am Anfang des Trails, erinnern noch heute einige Gräber an jene fünfzig Menschen, die im April 1898 durch Schneelawinen ums Leben gekommen waren.

In Dyea waren wir damals aufgebrochen. Schon bald nach dem Start hatten wir das erste Mal an einem Bach gerastet, in dem das Wasser zu brodeln schien. Hunderte von Lachsen mühten sich im seichten Wasser, um zu ihren Laichplätzen zu gelangen.

Für mehr als zehn Kilometer waren wir dann dem Taiya River gefolgt und hatten Finnegan's Point berührt, wo einst ein Geschäftemacher namens Pat Finnegan die Hand aufgehalten hatte, um für das Überqueren einer von ihm gezimmerten Brücke Geld einzutreiben, bis er vor der immer heftiger werdenden Welle der Glücksritter kapitulierten musste, weil er mit dem Kassieren einfach nicht mehr nachkam.

Mit Canyon City erreichten wir das erste quirlige Depot. Bereits im Herbst 1897 waren hier Hunderte von Ausrüstungslagern entstanden, die helfen sollten, den Weg in Etappen zu bewältigen. Heute liegt die Stille der Wildnis über dieser City des Jahres 1898. Genau so erging es Sheep Camp, einem Lager, das buchstäblich über Nacht zur 8000-Einwohner-Stadt mit Läden, *Saloons*, Hotels angewachsen war.

An einem als *The Scales* bezeichneten Plateau unmittelbar vor einem mit mächtigen Felsbrocken übersäten Hang entstanden jene Fotos, die die Welt bis heute in ungläubiges Staunen versetzen. Auf Waagen (*scales*) ließen hier die gedungenen Träger ihre Lasten noch einmal wiegen und kassierten Zuschläge, bevor sie sich einreihten in die schwarze Kette der abertausend Leiber, um den unbarmherzigsten Abschnitt des gesamten Pfades, den 45 Grad steilen Chilkoot-Pass anzugehen. Bald hatte der Steilhang mit den tiefen Stufen im Schnee seinen Namen weg: *Golden Stairs*.

Jubel brandet auf, wenn endlich das letzte Gepäckbündel den Chilkoot-Pass, die Grenze zwischen Alaska und Kanada, erreicht hat. Heute wie damals. Doch in die Freude mischten sich anno 1898 auch grobe Worte. Denn auf alle nicht im Land gekauften Güter wurden gleich an Ort und Stelle Importzölle erhoben. Und wer konnte schon nachweisen, seine Artikel in Kanada erworben zu haben. Doch hatte es ein Gutes, in Kanada zu sein. Verbrechen und Gewalttätigkeit gab es östlich der US-Grenze so gut wie nicht, dank der eisernen, aber gerechten Hand der Royal Northwest Mounted Police, der *Mounties*.

Eine unglaubliche Zeit. Auf dem Chilkoot Trail ist sie durch Hunderte zurückgelassener Gegenstände bis heute ein Stück (an-)fassbare Realität geblieben. Geschichte zum Anschauen bieten auch die Überreste der Gepäckseilbahn am Crater Lake unterhalb des Passes, die ab Mai 1898 zwischen Canyon City und hier verkehrt hatte. Eine sensationelle Erleichterung war das damals, als man für sieben Cent pro Pfund sein Gepäck über die schwierigsten Passagen des Chilkoot-Passes schweben lassen konnte.

Am Nachmittag des dritten Tages durchwandern wir das einstige Lindeman City, dann Lake Bennett, wo 20000 Menschen zwischen März und Mai 1898 Baumstämme zu Booten verarbeiteten, sägten, hobelten und hämmerten, um rechtzeitig zum Eisaufbruch auf dem Yukon River startklar zu sein.

Von nun an ging die Reise per Boot.

Doch schon ein Jahr später, genau am 6.Juli 1899, wurde das Leben für die Klondiker leichter, denn nun verkehrte bereits eine Eisenbahn zwischen Skagway und Lake Bennett, später sogar zwischen Skagway und Whitehorse. In Skagway konnte man vom Schiff auf die Bahn zum Lake Bennett umsteigen, und von dort aus ging es auf den neu in Dienst genommenen Schaufelraddampfern weiter. Verglichen mit den Anfängen war die letzte Etappe nach Dawson City nun schon fast zur Kreuzfahrt geworden.

Der große Ansturm des Jahres 1898 wiederholte sich nicht. Das Heulen der Wölfe, der spitze Schrei des Weißkopfseeadlers und das Knacken der Zweige, wenn der mächtige Bär durchs Unterholz bricht, sie waren bald wieder die einzigen Laute in dieser Wildnis. Doch die Stampede der 30000 hatte ihre Spuren hinterlassen: ausgefahrene Ochsenkarrenpfade, zurückgelassene Holz- und Metallteile, Dosen, Zahnräder, verlorene Kochtöpfe, Stahlseile, aufgegebene Boote. Zeugnisse eines tiefen Atemzugs der Geschichte.

Der bedeutende amerikanische Naturforscher John Muir

hatte Skagway und den Chilkoot Trail mit einem »in ein fremdes Land gebrachtes und mit dem Stock aufgewühltes Ameisennest« verglichen. Da blieb keine Zeit für Beschaulichkeit oder gar Romantik. Erst aus der Distanz von vielen Jahren wurde manchem Zeitzeugen klar, Teil eines außerordentlichen historischen Ereignisses gewesen zu sein.

Zwischen Whitehorse
und Dawson City

Die Welle legt sich wie eine Faust auf seine Brust. Er ringt nach Atem. Einen Moment wird ihm schwarz vor Augen. Als er die Augen aufreißt, sieht er auf seine leeren Hände. »Das Paddel«, schreit er.

»Joe, wo ist das Paddel?«

Doch Joseph Meeker vor ihm im Boot hört kein Wort. Das Gebrüll William Haskells geht unter im Gurgeln, Rauschen und Dröhnen der Stromschnellen des Canyons. Ein Mehlsack reißt sich los, versinkt in den Fluten, dann gehen die Schaufeln und Hacken über Bord. Als Meeker und Haskell eine Stunde später erschöpft am Rande des Flusses liegen, sind sie froh, mit dem nackten Leben davongekommen zu sein. Die 800 Dollar teure Ausrüstung und damit ihr Traum vom Gold am Klondike liegt auf dem Grund des Yukon River.

Das Schicksal der Goldsucher Meeker und Haskell nahe der Stelle, an der später die Hauptstadt des Yukon-Territoriums entsteht, wird sich während der nächsten zwei Jahre mehr als 150mal wiederholen. Zwanzig Menschen verlieren in der eineinhalb Kilometer langen Schlucht des Yukon, die damals Box Canyon hieß, und den sich anschließenden White Horse-Stromschnellen ihr Leben. Dann greifen entschlossen die *Mounties* ein. Samuel Benfield Steel, der Führer dieses legendären Polizeitrupps, bestimmt, dass nur Erfahrene ihre Boote selbst steuern dürfen. Die anderen müssen sich einen Lotsen nehmen. Heute ist die Turbulenz des Canyons, der später den Namen Miles Canyon erhielt, dahin. Auch die tückischen White Horse Rapids sind verschwunden, begraben unter den Wassermassen eines Stausees, der den Namen jenes abenteuernden Leutnants Schwatka trägt.

Wo beim Kentern von Haskell und Meeker unberührte Wildnis war, befindet sich gut ein Menschenalter später eine Stadt mit rund 24000 Einwohnern, die ihren Namen nach den sich wie weiße Pferde aufbäumenden Stromschnellen erhielt, Whitehorse, die Hauptstadt des Yukon-Territoriums.

Es war ein sonniger Tag Anfang August, als Juliana und ich Whitehorse erreichten. Dieser intensive Nordlandsommer war schon fortgeschritten, doch als Highlight hatten wir uns den Yukon River von hier bis Dawson City aufgespart.

Am 6. August, *Highnoon*, lassen wir unser Kanu zu Wasser. Wie eine kräftige Faust zieht uns die Strömung des noch jungen Yukon aus Whitehorse fort. Ein paar Indianer beobachten uns vom Ufer aus, einer von ihnen winkt freundlich. Ich wedele mit dem Paddel.

Ein zauberhafter Tag, wie geschaffen für eine Bootsreise durch Wildnis und Geschichte. Kleine, weiße Wolken mit scharfen Konturen driften über den Himmel. Aus dessen sattem Blau brennt die Sonne.

Anfangs ist der Fluss nur 200 Meter breit, eingeengt von hohen lehmigen Ufern. Nur wenigen ist bekannt, dass dieser Abschnitt bis zum malerischen Lake Laberge einst als Lewes-River bezeichnet wurde; manche *Oldtimer* hier verwenden den Namen noch heute. Kurz bevor wir den See erreichen, erinnert eine mit leuchtenden Blüten bedeckte Fläche an den Großbrand von 1958, der der Stadt Whitehorse fast zum Verhängnis geworden wäre. Das kontinentale Klima des Yukon Territory hat zwar eiskalte Winter, aber auch heiße, trockene Sommer, so knochentrocken, dass Zweige unter den Füßen wie Glas brechen. Und ein Fünkchen reicht, um riesige Wälder in Brand zu setzen. 130 Buschbrände pro Jahr sind im *Territory* keine Seltenheit. Sie vernichten jährlich eine Waldfläche von rund 120 000 Hektar.

Der als Barde des Yukon bezeichnete Robert Service, der von 1904 bis 1912 in Whitehorse und Dawson City lebte, hat den rund 50 Kilometer langen Lake Laberge in seinem Gedicht *The Cremation of Sam Mc Gee* weit über die Region hinaus bekannt gemacht.

»Herrliche Sicht« und »wunderbares Panorama« notierte ich abends im Tagebuch über den Auftakt unserer Tour. Ganz still war es, kein Lüftchen regte sich, doch am nördlichen Himmel hingen kleine schwarze Wolken.

»Lass uns anlegen, gleich wird es regnen.«

Eilig paddelten wir zum Ufer. Kaum hatte ich das Zelt aufgebaut, prasselten auch schon die ersten schweren Tropfen nieder. Starker Wind brachte den zuvor spiegelglatten See in Wallung. Wer solch blitzschnelle Witterungsumschläge einmal selbst erlebt hat, wird seine Nordlandtouren mit mehr Verpflegung antreten, als er sie scharf kalkuliert benötigen würde. Auf den Riesenseen Nordmanitobas hatten wir die Erfahrung gemacht, dass ein kräftiger Dauersturm Paddler – insbesondere solche mit einem offenen Kanu – für Tage ans Ufer bannen kann. Und dann die ganze Zeit nur von weich gekochter Birkenrinde und getoastetem Moos zu leben, ist nicht jedermanns Sache.

Nach dem Regen klarte es auf. Rötliches Abendlicht überflutete das Land, rotbraun leuchteten nun die Berge, über denen sich noch immer ausdrucksvolle Wolkengebilde türmten. Nur das Geschrei der Möwen unterbrach die Stille nach dem Sturm. Langsam wanderte der Schein der untergehenden Sonne von Westen über Norden nach Osten. Wenige Stunden noch und die Sonne wird erneut den Horizont berühren. Die Sommernächte am Yukon sind kurz.

Am anderen Morgen fegte wieder starker Wind über den Lake Laberge, zum Glück aber war es klar und sonnig.

»Heute Nacht hatten wir Besuch.«

»Ein Bär?«

Juliana lacht und zeigt mir einen Plastikbeutel, an dem eine Maus sich ausgetobt hat.

Die großartigen Blicke auf das bergige Umland und die verlockenden Campingmöglichkeiten am See verleiten uns dazu, an diesem Tag nur ein halbes Pensum zu erfüllen. »Nur 30 Kilometer gepaddelt«, notierte ich im Tagebuch. Doch trotz der geringen Anstrengung waren wir abends ausgedörrt wie nach einem Marathonlauf. Ich hatte den Eindruck, selten zuvor so durstig gewesen zu sein wie hier mit Millionen Kubikmetern glucksenden Wassers um uns herum. Dreimal setzten wir Tee auf, dreimal wurde der Topf schnell leer. Derweil wuselten zutrauliche Erdhörnchen mit erregtem Geschrei und einer Hektik, als sei der Teufel hinter ihnen her, um uns herum.

Zum Abendessen zauberte Juliana eine Delikatesse aus dem Vorratsbeutel: Oberländer Landbrot, das wir in einem Supermarkt in Whitehorse erstanden hatten. Dass solche kulinarischen Schätze nicht alltäglich sind, weiß, wer auf seinen Reisen durch Amerika wochenlang nur mit pappigem Weißbrot auskommen musste.

Da wir keine Zeitnöte hatten, ließen wir es auf dem Yukon langsam angehen. Selten paddelten wir mehr als 50 bis 80 Kilometer pro Tag, was nicht sonderlich viel ist, zumindest für den, der das Paddeln als Sport betrachtet. Doch die Strömung des Yukon ist flott. Je nach Jahreszeit und Gegend sind Fließgeschwindigkeiten von vier bis sieben km/h keine Seltenheit. Und doch sollte auch ein schnell fließender Fluss nicht dazu verführen, ihn nur für sich arbeiten zu lassen und ohne Wache im Kanu ein Nickerchen zu machen; wenngleich ich auch zugebe, dass das Glucksen des Wassers ungemein beruhigend wirkt. So mancher, der dabei Stromschnellen nicht rechtzeitig bemerkte, hat eine böse Überraschung erlebt – wie jener hier immer wieder gern zitierte Trapper, der nach feuchtfröhlichem Gelage mit Freunden den Heimweg schlaftrunken antrat und den ein Schaufelraddampfer erwischte. Seitdem, so behaupten viele, geistert er über das Nordland, ruhelos, auf der Suche nach seinem verlorenen Kanu.

Dort wo Lake Laberge sich wieder zum Fluss verengt, beginnt The Thirty Mile, ein landschaftlich reizvoller Abschnitt des oberen Yukon. Lower Laberge liegt hier, einer von vielen Geisterorten am Yukon. Am vierten Paddeltag morgens erreichten wir Hootalinqua, eine verlassene Polizeistation der *Mounties* an der Teslin River-Mündung. Der Name des Ortes stammt aus der Indianersprache und bedeutet soviel wie »wo sich zwei große Wasser treffen«.

Man hatte mir gesagt, dass sich knapp zwei Kilometer unterhalb dieser Stelle Old Shipyard Island befände, ein Ort, an dem die Fantasie Sprünge machen könne. Seit Jahrzehnten liegt hier der Schaufelraddampfer *Evelyn* auf Trockendock, so als warte er darauf, dass sich die Zeiten noch einmal zu Gunsten der mächtigen Pötte aus Holz ändern würden.

»Komm, lass uns anlegen.«

Ich steuerte das Kanu zum Ufer.

Wir vertäuten das Boot und stromerten an Drahtseilen, Win-

Schaufelraddampfer *Evelyn*, ein imposantes Überbleibsel aus vergangener Zeit.

den und Holzaufbauten vorbei, bis wir vor dem Riesen standen, der, obwohl der Zahn der Zeit an ihm nicht spurlos vorbeigegangen war, doch noch recht stattlich wirkte. Wenn Planken sprechen könnten! Aber nur dann und wann, wenn der Wind in die Aufbauten fährt, ächzen sie ein wenig.

Ohne diese flachen, auch im seichten Wasser manövrierbaren *Sternwheelers* hätte sich manches am Yukon anders entwickelt. 1896, in dem Jahr des ersten Goldfundes am Klondike, hatte es nur selten ein großes Schiff auf diesem Abschnitt des Flusses gegeben. Bereits 1900 verkehrten sechzig Schaufelraddampfer zwischen Whitehorse und Dawson City. Es waren große Boote, mit gewaltiger Zuladekapazität und von so extrem geringem Tiefgang, dass man 1898 rühmte: »Und wenn der ganze Yukon River auslaufen sollte – unsere Schaufelraddampfer schwimmen selbst auf Morgentau.« Allerdings waren die Boote gefräßig, gierig nach Holz, und zogen dadurch Holzfäller in Scharen an. Ihre Dampfmaschinen waren von jenem Typ, wie man ihn damals in Eisenbahnen verwandte. Sie verschlangen zwei Kubikmeter Feuerholz pro Stunde. Dafür brachten sie 525 Pferdestärken zum Fauchen. Für die 740 Kilometer lange Strecke von Whitehorse nach Dawson City brauchte ein *Sternwheeler* 36 Stunden, mit zwei Stopps zum Nachfassen des Brennmaterials. Die Rückfahrt gegen die Strömung war weitaus aufwändiger. Vier bis fünf Tage benötigten die fünfzig Meter langen und rund 1000 Tonnen schweren Boote. Sie und ihre Maschinen ächzten, wenn es galt, sich gegen den Wasserdruck Meter für Meter durch Stromschnellen zu quälen. Sechsmal mussten sie auf dieser Strecke wegen Holzaufnahme anhalten.

Das Ende der Schaufelraddampfer-Ära kam mit dem Bau des zunächst als ALCAN bezeichneten Alaska Highway und der Konkurrenz der winterunabhängigen Lastwagen. Einer der letzten Flussriesen, *Klondike II*, der 1955 seine letzte Fahrt machte, ist heute ein touristisches Highlight in Whitehorse: nach Originalunterlagen restauriert und vorbildlich von der kanadischen Nationalparkverwaltung betreut.

Die Geschichte des Goldrausches ist allgegenwärtig am Yukon. Täglich stoßen wir am Rande des Flusses auf alte Hütten, verlassene Posten, wir sehen die gestrandeten Dampfer *Klondike I* und die Wrackreste von *Casa I*. Bring' ein wenig Zeit mit, schließe die Augen und lausche dabei den Gesprächen der zumeist bärtigen, goldfiebernden Burschen, die hier im Lärm der fauchenden Dampfmaschinen geführt worden sind.

Nach fünf Stunden Paddelei und einigen Pausen erreichten wir am nächsten Abend den Little Salmon River.

»Wie wäre es mit Bohnen und Speck zum Abendessen?«, schlägt Juliana vor. »So, wie bei den Klondikern damals üblich!«

»Wenn's unbedingt sein muss! Vielleicht hatten die keine guten Angeln dabei«, sage ich. »Bei uns gibt's heute Fisch!«

Nun bin ich weiß Gott kein enthusiastischer Jünger Petris. Ich würde zu Hause nicht die Zeit aufbringen, zwei Stunden an einem Kiesteich zu warten, bis die erste Forelle beißt. Aber dies ist Kanada. Unsere ersten Paddel- und Angelerlebnisse auf dem Churchill River hatten mich auf den Geschmack gebracht. Kaum hatte mein Haken das Wasser berührt, hing bereits der erste Fisch dran. Ich hatte nochmal ausgeworfen, und zwanzig Sekunden später zog ich den zweiten Brocken an Land. Innerhalb von fünf Minuten blickte ich auf drei stattliche Hechte. Wir waren gut satt geworden.

Die klaren Nebenflüsse des Yukon sind als Lachsgewässer beliebt. Ich selbst hatte nie zuvor einen Lachs an der Angel gehabt. Es muss daher an diesem Abend wie ein Siegesschrei geklungen haben. »Ein Lachs, ein Lachs!« Aber er ist auch ein guter Kämpfer. Ich habe Mühe ihn zu halten. Als er klatschend aus dem Wasser springt, sehe ich ihn deutlich: zwanzig bis dreißig Pfund mindestens! Noch immer kämpft er. Ich habe Angst, dass er mir die Angel abbricht.

»Juliana, hilf mir!«, rufe ich. »Fass die Schnur, schnell, zieh!«

Lachs – ich kenn' ihn nur portionsweise. Jetzt hängt alles, was ein Delikatessengeschäft auf Lager hat, an meinem Haken.

»Juliana, wo bleibst du …?«

Sie stolpert ins Wasser, rutscht dabei auf moosigen Steinen aus, kriegt aber zum Glück die Schnur zu fassen. Nur, statt sie heranzuziehen, hält sie die Leine fest. Zwei Sekunden oder drei, das reicht dem Lachs. Ein freudiger Luftsprung. Nun kann ich meinen Blinker heranziehen, ohne befürchten zu müssen, die Angel abzubrechen. Es hat am Ende doch Bohnen mit Speck gegeben.

An diesem Abend habe ich Juliana im Schein des Lagerfeuers geschworen, dass ich wiederkommen werde. »Dann hole ich mir meinen Lachs aus dem Yukon.«

Am elften Paddeltag, einem 16. August, erreichten wir Dawson City. Das Nest steht Kopf an diesem Tag. Genau am 16. August 1896 hatten George Washington Carmack, Skookum Jim und Tagish Charly jenen Coup ihres Lebens gelandet. Ihr Schrei, hunderttausendfach wiederholt, drang von nun an um die Welt: »Da ist Gold am Klondike!«

Wenn Reisen Alltag wird

Der Sommer ging zu Ende. Ein neuer kam. Auch den nächsten und übernächsten verbrachten wir in Kanada und Alaska. Nicht, dass es uns an Ideen für Unternehmungen anderswo gemangelt hätte, aber der Norden hatte uns gefangen genommen. Immer wieder sind es die Flüsse, um die meine Gedanken kreisen. So, als wenn der Schlag des Paddels aufs Wasser unser Leben verändert hätte. Ich wusste jetzt: Das hier ist meine Welt.

Fast einem inneren Bedürfnis folgend, paddelten wir an einem Stück mehr als 3500 Kilometer von Südkanada hoch zum Eismeer. Und noch einmal gingen wir den Churchill River an. Doch das Ende eines langen gemeinsamen Traums, das Ende unserer Weltreise kam näher.

Ich wische mir über die Augen. Spiegelung und Realität verschwimmen. Mir ist, als könne keine Fantasie sich diesen Irrgarten verzweigter Wasserwege ersonnen haben. Land der Millionen Seen, Finnland hoch tausend, das ist Amerikas Norden, das größte Süßwasserbecken der Welt.

Der Strahl eines Jets über mir zerteilt den Himmel: 1000 Kilometer pro Stunde im Gegensatz zu 10 km/h im kleinen Boot. Ich greife nach dem Paddel. Ein gutes Gefühl, dieses Stück Vertrautheit in der Hand. Sacht schiebe ich es ins Wasser, fast so, als hätte ich Befürchtungen, ein allzu scharfer Hieb könne die Stille zerteilen. Vor mir Julianas vertrauter Rücken.

Ich lehne mich zurück, entspanne mich, massiere die rissigen Handflächen. Meine Augen saugen sich voll wie ein Schwamm. »Sieh dir den Himmel an, dieses Blau, diese Weite…, alles!«

Juliana kennt das. Es sind die 2300 Tage Einsamkeit zu zweit; im selben Boot, im Fahrradsattel, im Schlamm Afrikas, in Hotels und Spelunken Asiens. Ich fange an zu rechnen: 2300 Tage mal vierundzwanzig Stunden mal sechzig Minuten. »Weißt du, dass wir schon drei Millionen dreihunderttausend Minuten gemeinsam reisen?!«

Sie lacht; ein wenig faltiger ist sie um die Augen geworden. Der Nordwind, denke ich.

»Du und deine verrückten Ideen. Sieh lieber zu, dass wir einen vernünftigen Platz für die Nacht finden!«

»Nur noch bis dahin, wo der Himmel den Horizont berührt!« Ich lache auch. Aber eigentlich meine ich es wirklich so. Je näher das Ende unserer langen gemeinsamen Weltreise kam, desto unruhiger wurde ich. Was kommt nach diesem Leben? Jetzt sitzt du zwölf Stunden im Kanu. Du pfeifst darauf, dass die Hände rissig sind vom Halten des Paddels, spröde vom Wasser und eisigen Wind. Aber könntest du es acht Stunden am Schreibtisch aushalten? Im Anzug, vielleicht sogar mit Krawatte?

Ich rede mir gut zu, mache mir Mut: Jahrelang hast du dich angepasst, wusstest morgens nicht, wo du abends schlafen würdest. Du hast in lausigen Hotels gewohnt, für ein paar Dollar das Doppelzimmer, Mäuse und Kakerlaken inklusive. Wo dein Rucksack stand, war dein Zuhause. Du wirst dich auch an das Leben in Deutschland gewöhnen. Manchmal ertappe ich mich dabei, wie ich versuche, mich zu belügen.

Abends campten wir am Long Point. Plötzlich kam unerwarteter Besuch – ein Fischerboot. Indianer, eingepackt in dicke Daunenjacken, grüßten scheu.

»*Where do you come from?*« – »*Oh Germany, how nice!*«

Ob wir da auch am See wohnten, und welche Fische es da gäbe.

»Germany ist anders«, sagte ich. »*Big cities*, breite Straßen, und die Fische aus den Seen…«

»Ich war in Winnipeg«, sagte der eine, »*I couldn't stand the city one day*. Zu viele Menschen. Das ist mein Land!« Und er zeigte über den See.

Lange sah ich ihrer Bootswelle nach, bis sich das Flimmern mit dem Gleißen des Horizonts vermischte.

»Hier möchte ich bleiben«, sagte ich zu Juliana, »auch für immer.«

Ich kenne ihre Bedenken. »Könntest du das? Ohne Freunde? Ohne Theater, Kino? Denk doch an einen schön gedeckten Tisch. Weißes Leinen, das Silberbesteck, das wir zur Hochzeit bekommen haben. Unser Porzellan.«

Meine rissige Hand umfasste den Metallbecher fester. Ich setzte ihn sacht aufs Moos. »Diesen Becher kannst du neben das Feuer stellen, ohne dass er bricht, und der Kaffee bleibt heiß. Wir haben hier alles, was wir brauchen.« Meine Hand berührte das Moos, das noch nie den Fuß eines Menschen verspürt hat. Sauberer als das weißeste Leinen, dachte ich. Und aus der Ferne rief der *Loon*, wie zur Bestätigung meiner Worte.

Nach zwei Monaten erreichten wir die Hudson Bay. Es sollte nicht mehr lange dauern, bis wir nach unserer Reise von 2403 Tagen nach Deutschland zurückkehren sollten.

Glitzernde Auslagen in den Läden. Reklametafeln blendeten mich. Vorweihnachtszeit in meiner Heimatstadt. Ich ging langsam durch die Menschenmassen. Gibt es denn niemanden außer mir, der Zeit hat? Ich fühlte mich verlassen in der Hektik, einsamer als in der Wildnis des Nordens.

Juliana suchte Arbeit, fast nervös, so als hätte sie Angst, den

Anschluss zu verpassen. Vier Wochen nach unserer Rückkehr hatte sie einen Job in ihrem alten Beruf.

Ich streifte durch die erleuchtete Stadt. Lärm und Smog betäubten mich. Die Schmalzkuchen duften wie einst. Aber die Gespräche waren andere, drehten sich um Videogeräte, *Hightech* und das neue Auto zu Weihnachten.

»Deine Zeit möchte ich haben und mein Geld«, sagte ein alter Freund und lachte. Aber er meinte es so.

Es war an einem Vormittag im nächsten Frühling. Ich stromerte mit unserem Hund über die Wiesen, die schon das erste Grün des kommenden Sommers zeigten. Plötzlich stockte ich. Da, ein Laut, ich kannte ihn nur zu gut. Langsam setzte ich mich ins kühle Gras, sah in den Himmel und lauschte. Juliana sollte meine Veränderung an diesem Frühlingsmorgen sofort auffallen.

»Was ist?«

»Ich habe den Ruf der Wildgänse gehört!«

Einige Wochen später bestieg ich in Düsseldorf ein Flugzeug, das mich nach Amerika bringen würde.

»Komm gut zurück…«, dabei streichelte Juliana zum Abschied meine Wange. »Und pass gut auf dich auf, so ganz allein!«

Als die Maschine Labrador überflog und sich der Hudson Bay näherte, drückte ich meine Nase an der Scheibe platt. Da unten fließt ein mäandernder Riesenstrom. Ob das vielleicht »unser« Churchill ist?

Noch am selben Nachmittag landete ich in San Francisco. Ich war schwer beladen; neben einem 20-Kilo-Rucksack schleppte ich ein Faltboot mit mir. Der Zöllner sah zuerst mich an, dann das Gepäck.

»Wo soll's denn lang gehen?«

»Richtung Beringstraße«, sagte ich. Nachdenklich legte er die Stirn in Falten.

»Liegt die zwischen Golden Gate Bridge und Stadtmitte?«
»Hmmh, ein gutes Stück weiter nördlich!«
Er nickte und stempelte meine Papiere: »*Have a nice trip.*«

Warum ich gerade in San Francisco gelandet bin?

Weil ich die Stadt mag und mich in ihr fast schon so gut zurecht finde wie in meiner Hosentasche. Und weil ich dort die Ex-Braunschweiger Wolf und Brigitte kenne, deren kleines Gartenhäuschen Juliana und ich schon so manches Mal als Anlaufstelle benutzt haben. Wieder ziehe ich bei ihnen ein.

Zunächst kaufe ich für 600 Dollar ein Auto, einen betagten, aber zuverlässig wirkenden Audi 100. Als ich dem Verkäufer erzähle, was ich vorhabe, betrachtet er erst das Auto, dann mich: »*Good luck, boy!*«

Meine Routenplanung hatte sich nach dem sehr spontanen Entschluss und dem ebenso raschen Aufbruch konkretisiert. Nach der Anfahrt über den Alaska Highway will ich zu Fuß einige hundert Kilometer über die Mackenzie-Berge auf dem in den Yukon-Territorien beginnenden Canol Trail zum Mackenzie River marschieren. Von Norman Wells aus, wo ich mein vorausgeschicktes Boot vorzufinden hoffe, werde ich dem Fluss bis ins Mackenzie-Delta folgen. Von dort geht's samt Boot und Gepäck über die Wasserscheide zum Porcupine und Yukon River, dem ich bis zur Beringstraße folgen will. Nun bin ich zum ersten Mal allein unterwegs.

»Du bist verrückt«, hatte ein Bekannter zu mir gesagt. »Was machst du, wenn du dir ein Bein brichst... oder eine Blinddarmentzündung bekommst?«

Ich hatte alle Bedenken und Ängste zur Seite geschoben. »Geh doch zu Lloyds in London und lass das bisschen Restrisiko deines Lebens versichern!«, hätte ich ihm am liebsten geantwortet.

Nach mehreren Sommern im Boot fühle ich mich erfahren und fit genug, um eine solche Tour allein anzugehen. Das Ob und Wie beim Reisen scheint mir eher eine Frage der inneren Einstellung zu sein. Wie oft hatte ich schon gehört: »Toll, was ihr macht, würde ich auch gern tun, aber ich kann nicht raus aus meinem Beruf.« Bei anderen waren es die Kinder, der Garten oder das Haus, das abgezahlt werden muss.

Nur fällt mir das Alleinsein nicht gerade leicht. Viele Jahre hatte ich jede Minute gemeinsam mit Juliana verbracht. Und jetzt allein. Täglich wandern meine Gedanken zurück zu ihr. Zugegeben, ich hatte es mir leichter vorgestellt. Da sind hunderterlei Kleinigkeiten, die mich an sie erinnern – unsere Ausrüstung, die wir verpackt in San Francisco zurückgelassen hatten, Orte an denen wir beide gewesen waren, sechseinhalb Jahre gemeinsames Reisen, beinahe jede Minute zusammen.

Es ist Ende April, als ich über die Golden Gate Bridge fahre und die Stadt verlasse. Meine Ausrüstung habe ich komplettiert, den Audi noch einmal durchgecheckt. Nach einem Abstecher über Salt Lake City fahre ich durch Idaho Richtung Montana. Mir kommen Zweifel, ob ich nicht von der Jahreszeit her zu früh dran bin. Auf manchen Pässen Montanas türmt sich noch meterhoch der Schnee am Straßenrand. Werden die Flüsse im hohen Norden überhaupt schon eisfrei sein? Und wie sieht es in den Mackenzie-Bergen aus? Ich fange an, meine Pläne zu hinterfragen. »Wie wäre es, wenn ich mit der Bootstour zuerst begänne und den Fußmarsch in die zweite Hälfte des Sommers verlegte? Das hätte natürlich Auswirkungen auf meine Paddeltour. Hmmh, könnte ich nicht am oberen Yukon mein Faltboot zu Wasser lassen und von dort zum Beringmeer paddeln?«

Das Blubbern eines schweren Achtzylinders schreckt mich aus meinem Kartenstudium auf. Ein betagter amerikanischer Straßenkreuzer schiebt sich dicht an mich ran. Drinnen vier Indianer, darunter eine Frau. Sie grüßen, sehen interessiert zu mir rüber. »*Hi! Where're you going?*«

Die obligatorische Frage nach dem Wohin bringt uns schnell zusammen. Als die vier hören, dass ich aus Germany komme, tauen sie auf.

»Das hier ist das Gebiet der Schwarzfußindianer«, sagt der eine.

»*No worry man* – du kannst die Nacht bleiben«, beruhigt mich ein anderer. »*Come in, let's have a drink.*«

Obgleich dieses der bislang kälteste Abend der Reise ist und eine dünne Schneeschicht das Land bedeckt, nehme ich das mir gereichte eiskalte Bier an und steige in ihr Auto ein. Es wird ein langer, gemütlicher Abend in der Enge ihres Ami-Schlittens. Sie erzählen von ihrem Leben, ich über das, was ich in Deutschland zurückgelassen habe. Nur wenn die Sprache auf ihren Stamm kommt und das Schwarzfuß-Reservat, »das man uns zugewiesen hat wie Rindern die Weide«, spüre ich ihre Bitterkeit. Es geht schon auf Mitternacht zu, als einer von ihnen beginnt, mit den bloßen Händen aufs Armaturenbrett zu trommeln. Ein zweiter singt, und mein Nebenmann beginnt rhythmisch auf die Wagenpolster zu klopfen. Bald singen alle.

»Alte Lieder unseres Stammes«, erklärt die Frau. Das kalte Licht des Halbmondes dringt schwach durch die beschlagenen Fenster, als mir der älteste Indianer, wie er sich selbst nennt, seinen Namen gibt. »Von nun an bist du mein Bruder. Du führst den Namen ›Gefleckter Adler‹.«

Am nächsten Morgen überquere ich die kanadische Grenze. Ich habe das Gefühl, zu Hause angekommen zu sein.

Von Dawson Creek, der Meile null des Alaska Highways, folge ich der Nordlandberühmtheit bis Johnsons Crossing. Dann wechsele ich auf die Canol Road, bis ich den kleinen entlegenen Ort Ross River erreiche. Ich habe, trotz der noch immer herrschenden Kälte, den Wunsch nicht aufgegeben, zu Fuß zum Mackenzie River zu marschieren. Die Canol Road und die Story, die zu ihr gehört, sind wohl das Ungewöhnlichste, was der Westen zu bieten hat. Die letzten 372 Kilometer der ehemaligen Straße, die der Versorgung einer im 2. Weltkrieg verlegten Öl-Pipeline diente, gehören zu den großartigsten Wildnisrouten im nordamerikanischen Westen.

Als ich bei der RCMP (Polizei) von Ross River nach den momentanen Wegeverhältnissen frage, lächelt der *Officer*: »Komm in sechs Wochen wieder, wenn der Schnee weg ist.« Bei meinem anschließenden Einkaufsbummel durch den kleinen Supermarkt des Ortes sehe ich ein schwarzes Brett mit hundert kleinen Verkaufsannoncen. Dazwischen ein amtlicher Hinweis: DER ZAHNARZT KOMMT AM 2. JUNI. Das ist in vierzehn Tagen!

Aufbruch ins Ungewisse

Carmacks ist ein kleiner Ort mit 500 Einwohnern am Ende des oberen Drittels des Flussabschnitts Whitehorse-Dawson City. Abgesehen davon, dass wenige Kilometer nördlich der Robert Campbell Highway den Klondike Highway, die direkte Straßenverbindung zwischen Whitehorse und Dawson City berührt, ist über Carmacks nicht allzu viel zu sagen: Campingmöglichkeiten gibt es hier, ein Hotel und ein Service Center rund ums Auto. Ein Nest wie so viele im Norden, Versorgungsstation für Durchreisende zum einen, aber auch Zentrum für die, die weit im Hinterland leben. Eines zeichnet Carmacks jedoch darüber hinaus aus: Es trägt den Namen dessen, mit dem der Goldrausch begann. Dabei war der US-Amerikaner George Washington Carmack ursprünglich gar nicht auf große Schätze aus. Statt wie die anderen der damals rund 2000 im Nordwesten lebenden Glücksritter in der Erde nach *pay dirt* zu wühlen, lebte er bei Indianern, war auch mit einer Indianerin verheiratet, und liebte das Fallenstellen und Fischen.

»Es war gegen Nachmittag am 17. August 1896, als wir neben dem Rabbit Creek rasteten. Skookum Jim war durstig, er bückte sich um zu trinken. Da, plötzlich sah er es golden schimmern! Wir drei stießen vor Begeisterung ein Kriegsgeschrei aus und begannen, wild zu tanzen!«, ist von ihnen überliefert. Dann stopften sie in ihre Patronentaschen, was an *Nuggets* reinpasste. Obwohl es ein Indianer war, der das Gold entdeckt hatte, sollte

Carmack als der erste Glückspilz vom Klondike in die Geschichte eingehen, da es Indianern nicht gestattet war, selbst *Claims*, das heißt Besitzansprüche auf Schürfstellen, anzumelden.

Carmack steckte einen für sich ab, zweimal so groß wie üblich, dann je einen für seine Begleiter. Dabei saß ihm die Zeit im Nacken. Wenn ein anderer ihm zuvorkommen und Ansprüche vor ihm anmelden würde – nicht auszudenken! Die drei Männer nahmen ihre Kanus und paddelten in einem Tempo den Yukon hinunter, dass die Schwarzbären am Ufer des Flusses glauben mussten, der Leibhaftige sei hinter ihnen her. Angekommen in Fortymile, ließ Carmack die *Claims* amtlich registrieren. Eine neue Epoche hatte für den Norden begonnen.

Außer dem Namen gibt es im heutigen Carmacks kaum Spuren aus den wilden Tagen des ausgehenden 19. Jahrhunderts. Für mich wird der Ort, an dem ich schon beim letzten Mal auf der Kanutour mit Juliana kurz angehalten hatte, zum Beginn meines Yukon-Alleingangs.

Ich hatte meine Pläne allerdings korrigieren müssen. Genau genommen war es der sich bis an den Beginn des Sommers drängende Winter gewesen, der meinen ursprünglichen Plan vereitelt hatte. Bei meinem frostigen Aufenthalt in Ross River musste ich mir dies eingestehen.

Kurz entschlossen hatte ich also meine Reisepläne umgestellt, den geplanten *Hike* auf der historischen Canol Road an das Ende des Sommers gelegt und anstelle einer Flusskombination von Mackenzie, Porcupine und Yukon River ausschließlich den Letzten gewählt.

Mein neues Vorhaben hatte nicht weniger Reiz, zumal mir der gerade erst vom Eis befreite Yukon stellenweise noch immer sein grimmiges Wintergesicht mit Turbulenzen und Wasserwirbeln zeigen sollte.

Ein Stück unterhalb der gewaltigen Yukon-Brücke befindet sich am linken Flussufer ein kleiner Zeltplatz, dessen Gäste hauptsächlich *River Traveller*, Paddler auf dem Weg von Whitehorse nach Dawson City, sind. An diesem Tag bin ich hier allein. Noch ist es zu kalt. Die internationale Schar von Wassersportlern und Naturfreunden, die jedes Jahr aufs Neue den begehrten Flusskilometern des Yukons nördlich von Whitehorse einen Besuch abstattet, lässt noch auf sich warten.

Ende Mai, und noch immer zeigt sich kein Hauch von Grün an den Zweigen. Anders als zu Ende des Sommers ist das Wasser des Flusses jetzt grau, aufgewühlt und durch die beginnende Schneeschmelze in den Bergen schlammig.

Der erste Weg in Carmacks führt mich zur RCMP, denn ich hoffe, meinen Wagen bis zum Ende meines Trips bei der Polizei unterstellen zu können. Der *Officer*, ein junger Mann, hört sich mein Anliegen an und schmunzelt:

»*Bering Sea – a long way to go!*« Er gestattet mir, den Audi auf dem Polizeigelände zu parken. Ein beruhigendes Gefühl, aber erst einmal muss ich ihn ausladen, alles verstauen und mein Bündel schnüren.

Zum Glück ist es an diesem Tag trocken. Auf Matten breite ich die vielen Dinge aus, von denen ich meine, dass ich sie während der nächsten Wochen benötige. Ich weiß, dass ich zu denen gehöre, die gern optimal ausgerüstet aufbrechen, sich möglichst auf alle Eventualitäten vorbereiten und eher drei Dinge zu viel mitnehmen als eins zu wenig. Bisher war ich es gewohnt, in einem 15-Fuß-Kanu (5 Meter Länge) mit beachtlichem Fassungsvermögen unterwegs zu sein. Ein wenig mehr an Gewicht hatte dabei keine Rolle gespielt. Kanus sind schließlich von Indianern und Pelzhändlern über die Jahrhunderte zum Transport großer Lasten, hauptsächlich ihrer Pelzballen, entwickelt worden. Im Einer-Kajak wird die Kunst der Beladung in der Beschränkung liegen.

Abgesehen von Paddeltouren auf norddeutschen Flüsschen wie Aller und Weser bringe ich keine nennenswerte Kajakerfahrung mit. Die Würfel waren für das Faltboot gefallen, weil ich das Boot von Deutschland hatte mitnehmen wollen. Vor allem, um Zeit zu sparen und in Kanada schnell loszukommen. Sicher, es hätte mich auch gereizt, mit dem Kanu zu fahren. Nordamerika war einst damit erschlossen worden. Doch im Alleingang?

Ich hatte schon früher meine einschlägigen Erfahrungen bei gelegentlichen kurzen Alleingängen im Kanu sammeln können. Dabei erinnere ich mich an Situationen, in denen ich trotz vollen Krafteinsatzes meinte, der Wind würde mich wie einen Spielball auf dem Wasser hin und her treiben, wohin er wollte. Ein Kanu auf einem Kilometer breiten Fluss allein bändigen zu wollen, vor allem, wenn es leicht oder unbeladen ist, kann bei starkem Wind ein Kampf gegen Windmühlen werden. So hatte ich mich für das Faltboot entschieden, auch wenn dieser Entschluss zu Lasten der Zuladung ging.

Es ist Nachmittag, mein Faltboot habe ich gerade zusammengebaut, als ein alter Yukoner, mit einem Gesicht, in das der Nordwind über die Jahre tiefe Furchen gegraben hat, mich beim Packen unterbricht. Er bleibt stehen, grüßt:

»*Hot, isn't it?*«

Er wischt sich mit dem Handrücken über die Stirn, dabei bin ich es, der sich warmgearbeitet hat. Um mich herum liegt in dekorativer Unordnung das Sortiment eines mittleren Tante-Emma-Ladens.

»Die letzten beiden Tage sind die heißesten des ganzen Jahres gewesen«, berichtet der Alte. Erst am 12. Mai sei die Eisdecke des

Yukon River aufgesprungen, hätten sich Eisschollen übereinandergeschoben und in bizarrer Form verkeilt.

»Ein großer Moment für uns alle hier am Fluss«, schmunzelt der *Oldtimer*. »Wetten waren zu hunderten abgeschlossen worden. Derjenige, der dem tatsächlichen Eisaufbruch am nächsten lag, brauchte sich die nächsten Tage wegen Freibier keine Sorgen zu machen!«

Am Nachmittag kommt kühler Wind auf. Trotzdem läuft mir der Schweiß den Rücken runter. Ich gebe es unumwunden zu: Packen und Verstauen sind nicht meine Stärken. Früher hat Juliana das gemacht. Nicht, dass ich die Hände in den Schoß gelegt hätte; ich habe derweil Holz gesammelt und gehackt, die Feuerstelle gebaut, mich ums Zelt gekümmert. Diese Selbstverständlichkeit in der Aufgabenteilung war es wohl auch, die es uns erleichtert hat, Spannungen hinsichtlich der Aufgabenerledigung gar nicht erst aufkommen zu lassen.

Ich denke jetzt mehr an Juliana als die Tage zuvor. Vermutlich liegt es daran, dass ich in einer uns beiden sehr vertrauten Situation bin, bei Vorbereitungen, wie wir sie viele Male gemeinsam getroffen hatten. Manchmal, wenn ich aufschaue, habe ich das Gefühl, als müsste sie gleich hinter den Bäumen hervortreten.

Das Ergebnis meiner Packkünste ist, dass ich von meinen Vorräten mehrere Kilo Spaghetti, sechs Kilo Reis und einen Beutel Mehl im Auto zurücklassen muss. Auch beim besten Willen passt nichts mehr ins Faltboot rein.

Aber alles, was ich verstauen konnte, sollte voll und ganz ausreichen. Mag sein, dass ich einen eichhörnchenhaften Bevorratungstrieb habe. Doch ich weiß auch, dass ich nicht an jeder Flussbiegung des Yukon Proviant nachfassen kann. Zudem zählen die Stunden am Lagerfeuer, das Kochen und manchmal auch Backen, für mich zu den Höhepunkten des Wildnisalltags – wenn selbst gebackenes Brot in der Pfanne goldgelb wird, wenn der mit Zwiebeln, Knoblauch und Gewürzen gefüllte Fisch in Folie gart und Düfte in der Luft liegen, die dem immer hungrigen Paddler das Wasser im Mund zusammenlaufen lassen.

»*Hi, man!*«

Langsam drehe ich mich um. Mein Blick tastet sich über ein Stahlross hoch in das bärtige, feixende Gesicht eines Mannes von etwa 25 Jahren.

Wer viel reist, wird auch eine Menge interessanter Begegnungen mit Menschen erleben. Straßen wie der Alaska Highway und andere teilweise extreme Routen des Nordens üben offensichtlich auf Individualisten einen besonderen Reiz aus. Es ist noch nicht lange her, dass ich einen Reiter traf, der von Süd-Texas quer durch die USA via Alaska Highway zum Polarkreis und zurück geritten war. Ein Marathontrip, eine irre Idee – eigentlich. Was mich daran befremdete, ist, dass die Unternehmung mit viel Geld gesponsort, mit Begleitmannschaft, Versorgungsfahrzeugen und diversen Pferden zum Wechseln ausgestattet worden war. »Für's Buch der Rekorde«, hatte mir der Reiter anvertraut. Den Wert solcher Rekordhascherei stelle ich für mich stark in Frage.

Der Rotbart im Sattel des selbstgebauten Fahrrades mit superleichtem Anhänger jagt jedenfalls keinen Rekorden nach. Er steigt ab, streckt mir die Hand mit der Selbstverständlichkeit eines Menschen entgegen, der auf Gleichgesinnte trifft.

»*Hi, I'm Dave.*«

Aus Jackson, unten in Wyoming, höre ich. Als er mir seine Reiseroute schildert, geschieht das eher beiläufig, so als würde jemand einen Ausflug beschreiben. Dabei dürfte Dave rund 5000

Dave, der in etwa 5000 Kilometer auf dem Fahrradsattel zurückgelegt haben dürfte.

Kilometer im Fahrradsattel gesessen haben. Von hier will er auf dem Klondike Highway nach Dawson City, dann weiter über den Top-of-the-World Highway nach Alaska. Sein Ziel ist der Denali National Park.

Da der erste Schleier der Dämmerung das Land überzieht, lade ich Dave ein, sein Camp neben dem meinen aufzuschlagen.

Ich zünde ein Feuer an. Bald summt der Teekessel. Während des Abendessens entdecke ich in der Nähe des Flussufers ein anderes Lagerfeuer.

Wir schlendern zu den dort sitzenden Männern, Al und Jeff, die ihre Steaks mit geübtem Schwung auf dem Rost wenden und dabei doch nicht vergessen, uns eiskalte Biere in die Hände zu drücken; sie sind *Trucker*. Und da das Leben eines Lkw-Fahrers im Yukon anders ist als das eines Brummi-Kapitäns auf der

Autobahn zwischen Kassel und Frankfurt, lausche ich begierig ihren Storys.

Al hat den letzten Winter auf der Route Whitehorse-Tuktoyaktuk im Mackenzie-Delta verbracht.

»*Always up and down the road.*«

Das sind 1260 Kilometer *one way*, mit nur zwei größeren Orten zwischen Start und Ziel, höre ich.

»Wie kommt ihr denn im Winter über den Peel und den Mackenzie River rüber?« Al lächelt.

»Über die Eisbrücken natürlich.«

Wo im Sommer Fähren den Durchgangsverkehr ermöglichen, sind es im Winter die zugefrorenen Flüsse selbst, die mit ihren Eispanzern den riesigen Mack-, White- oder International-Trucks als Brücke dienen. Es sind irre Storys, die die beiden von sich geben: Von 55 Grad minus erzählen sie: »Dann gefriert der Diesel schon mal während der Fahrt«. Im letzten Winter sei ein Truck bei schwerem Schneesturm von der Piste gefegt worden, erinnert sich Jeff. Wenn sich einer dieser Einzelkämpfer des Nordens abends in seiner Koje hinter dem Cockpit in den superwarmen Schlafsack verkriecht, dann dröhnt der Motor die ganze Nacht durch. Bei Temperaturen, die die Spucke gefrieren lässt, ehe sie den Boden berührt, würde ein kalter Dieselmotor am nächsten Morgen keinen Ton mehr von sich geben.

Da ich das Mackenzie-Delta gut kenne und weiß, dass Tuktoyaktuk ein Ort ist, den man auch im Sommer nicht über Straßen erreichen kann, frage ich neugierig:

»Wie kommt ihr denn mit den Trucks dorthin?«

Al schiebt mir noch ein Labbats Blue rüber. »Die ganze Strecke auf dem vereisten Fluss«.

»*Cheers*«, er hebt die *Can*, »Nur zu schnell darfst du nicht fahren, sonst spürst du auf einmal, wie dein Truck einen Wasserwall unter dem Eis vor sich herschiebt.«

Nicht nur was die Distanzen anbelangt, sind es Welten, die zwischen diesem Leben nahe dem Polarkreis und einem Leben in Mitteleuropa liegen.

Langsam verglimmt das Feuer. Dämmerung liegt über dem Land. Noch einmal zeigt der Himmel seine Lightshow zur dunklen Jahreszeit. Das Nordlicht tanzt und rast, verharrt kurz, um gleich darauf wie ein millionenfacher Sterntalerhauch auseinander zu spritzen. Ob ich das Nordlicht auf dieser Tour noch einmal sehen werde? Von nun an werden die Tage länger, und die Nächte bleiben hell, vermutlich zu hell für die Aurora borealis.

Um acht Uhr am nächsten Morgen bin ich als erster auf den Beinen. Manchem mag das etwas spät erscheinen, denn schließlich ist es der Aufbruch zu meiner großen Tour. Aber Nordlandtage sind so lang, dass ich auch nachts paddeln werde, und was die Zeitplanung angeht, brauche ich auf niemanden Rücksicht zu nehmen.

Gegen Mittag sind endlich auch die letzten Kleinigkeiten im Faltboot verstaut. Kein Quadratzentimeter ist ungenutzt geblieben.

Werde ich in die kleine Einstiegsluke überhaupt reinpassen? Gleich werde ich es wissen. Nur noch schnell das Auto bei der Polizei abliefern und mich sicherheitshalber registrieren lassen. Auf einmal kann es mir nicht flott genug gehen. Jetzt, da alle Zelte hinter mir abgebrochen sind, will ich endlich hinaus auf den Fluss.

Ich verabschiede mich von Dave. Er drückt noch ein paarmal auf den Auslöser meiner Kamera. Da ich leider keinen dressierten Grizzly mit mir führe, der auf Zuruf seine Pranke auf den Auslöser legt, werde ich gelegentlich auf die Hilfe freundlicher

Menschen angewiesen sein, um meine Paddeltour zu dokumentieren.

Ich habe mein Kajak *Arctic Loon* genannt, ähnlich wie unser Kanu früher. Meine Hand streicht über die Bootshaut. »Bring mich gut hin!« *A long way to go*! Den einen oder anderen Abstecher eingerechnet sind es rund 3000 Kilometer zum Beringmeer.

Starke Strömung packt mein Boot und reißt es mit Kraft vom Ufer fort. Endlich bin ich wieder auf dem Wasser! Doch die Vertrautheit mit meinem Untersatz, das Gefühl der Sicherheit, wie es durch tage- oder wochenlanges Miteinander entsteht, will sich so schnell noch nicht einstellen. Einige sperrige Ausrüstungsgegenstände habe ich hinter mir auf der Bootshaut befestigt. Ich hoffe, dass *Arctic Loon* dadurch nicht zu kopflastig geworden ist.

Starker Wind weht über den Fluss, peitscht mir das vom rhythmischen Auf und Ab der Paddelschläge durch die Luft wirbelnde Wasser ins Gesicht. Ein Indianer steht am Ufer und winkt mit einer Bierdose:

»*Having breakfast, brother!*«

»Stell es kalt! In acht Wochen bin ich zurück!« Er lacht; seine Antwort geht im Glucksen des Flusses unter.

Bis zu den ersten Stromschnellen sind es nur wenige Kilometer. Die Goldsucher nannten sie einst Five Finger Rapids, da ihnen die eigentümliche Form des Flussbettes, durchsetzt mit Felsen und Inseln, wie eine ausgestreckte Hand erschien, die den Weg zum Gold am Klondike wies. Sie gelten als relativ unproblematisch, auch für Anfänger. Allerdings wird ein umsichtiger Paddler auch sie nicht unterschätzen. Was heute ein Wässerchen ist, das von keiner Welle getrübt wird, kann nach dem nächsten Gewitter ein gefährliches, reißendes Wasser sein.

Der *Police Officer* in Carmacks hatte mir geraten: »Halte dich im rechten Kanal, dann kann nichts passieren.« Im vergangenen Sommer allerdings war es zu einem Unglück gekommen, das zwei Kanuten das Leben gekostet hatte. Sie waren schlafend in die Strudel der Flussmitte geraten. Solche Extremfälle, noch dazu hervorgerufen durch bodenlosen Leichtsinn, sollten jedoch nicht davon abhalten, den Yukon River bei entsprechendem Wetter für eine gemächliche Bootswanderung anzugehen. Er ist kein Wildwasserfluss, aber man muss wissen, dass sich Wasserverhältnisse schnell ändern können und dass hier keine Rettungsringe an den Uferbäumen hängen. Zum Glück liegen auf meiner Tour zum Beringmeer nur drei Stromschnellen: die Five Finger Rapids, die Rink Rapids und die nächsten liegen dann tief im Herzen Alaskas, nahe Rampart.

Als ich seinerzeit mit Juliana die Five Finger Rapids erreichte, legten wir oberhalb der Stromschnellen an, um von dort den Fluss zu überblicken. Ich mache das immer bei problematischen Wasserverhältnissen, nicht nur der schönen Aussicht wegen, sondern um den besten Kanal für die Befahrung auszukundschaften. Bei den Five Finger Rapids wird die kleine Klettertour zudem zur Begegnung mit der Vergangenheit. Noch immer sind die Reste des Old Winch House zu sehen, in dem während der Schaufelraddampfer-Ära Motorwinden darauf warteten, diese schweren Flussungetüme stromaufwärts durch die Stromschnellen zu ziehen. Gern hätte ich auch dieses Mal angelegt, doch es ist unmöglich, denn rund sechs Meter dick liegt Eis am Ufer.

Vorsichtshalber ziehe ich meine Schwimmweste über. Doch die Stromschnellen sind kaum wahrnehmbar, nur ein paar kleine Wellen klatschen über den Bug des Kajaks, dann habe ich es geschafft. Das Rauschen des aufgewühlten Wassers bleibt hinter mir zurück. Als der Fluss wieder ruhig dahin fließt, höre ich aus der Ferne das Dröhnen eines Lastwagens. Vermutlich vom Klondike Highway, der ein Stück parallel zum Ufer verläuft. Auch die bald danach folgenden Rink Rapids gehe ich auf der rechten Flussseite an. Um die Schifffahrt hier zu erleichtern, hat man vor Jahrzehnten besonders tückische Felsen im Wasser gesprengt. Es sprudelt und brodelt allerdings noch immer.

Kein Mensch begegnet mir auf dem Fluss, selbst den Vögeln scheint es noch zu kühl zu sein. Nirgendwo Entengeschnatter, kein Zwitschern – für einen Fluss, der in Teilabschnitten für seine ungeheuren Wasservögelbestände berühmt ist, sehr ungewöhnlich. Noch habe ich nicht versucht, an Land zu kommen. Ich werde es auch aufs unbedingt Notwendige beschränken, denn fast durchgehend ist das Ufer mit mächtigen Wällen ineinander verkeilter Eisschollen bedeckt. Nach langem Suchen entdecke ich endlich eine Lücke. Ich lege an.

Nur noch zwei Stunden bis Mitternacht, und noch immer ist es hell. Die Abendsonne überzieht das Eis mit warmem Licht, so dass es wie Gold glänzt. Vereinzelt brechen Stücke von den Schollen und stürzen ins Wasser. Es klingt wie ferner Kanonendonner. Eine etwas unheimliche Stimmung – und doch großartig.

Von meinem Camp sind es nur wenige hundert Meter bis zur alten Poststation Yukon Crossing. Wenn die erzählen könnte! Bei Yukon Crossing berührte der alte Dawson Trail den Fluss. Hier wurden Pferde, Wagen und Reiter mit Booten übergesetzt. Die Veränderungen der Neuzeit, denen auch der Norden nicht entging, verurteilten Yukon Crossing zum Sterben. Zurück blieb eine weitere Geisterstadt, zwei alte Hütten, einige herumliegende alte Werkzeuge und Geräte.

Nach der Rast paddele ich noch lange in die Nacht hinein. Eine gute Zeit, um die Ruhe, die über dem Fluss liegt, in ihrer ganzen Tiefe zu empfinden; ich scheine der einzige Mensch weit und breit zu sein. Fluss, Land und Himmel haben die gleiche Farbe. Doch auch die vielen Grautöne in ihren Abstufungen von Hellgrau bis Schwarz haben ihren eigenen Reiz. Gemächlich gleite ich durch diese unwirkliche Welt.

Der Yukon ist inzwischen breiter geworden, mit Inseln durchsetzt, seine Strömung jetzt weitaus geringer als im Bereich der Stromschnellen. Ich passiere Williams Creek, doch ein Anlegen an der alten Blockhütte der Williams Creek Copper Mining Company erscheint mir unmöglich. Sowohl Creek als auch das Ufer sind mit Eis bedeckt. Die zahlreichen Urlauber, die während der Sommerreisezeit hier entlangpaddeln, wenn die Luft vom Summen der Bienen erfüllt ist, die Ufer grün und voller Blüten sind, werden sich kaum eine Vorstellung davon machen können, wie lange der Winter in diesem Jahr seine eisigen Finger in den kurzen Sommer hineingesteckt hat. Vor Jahren hat mir ein Halbblut in den North West Territories einmal gesagt: »Winter ist *die* Jahreszeit des Nordens.«

Und dann hatte er mich angeblickt: »Entweder du magst ihn, oder du verlässt dieses Land!«

Es ist lange nach Mitternacht, als ich auf der linken Flussseite endlich Zugang zum Steilufer finde. Unterhalb einer verlassenen Trapperhütte baue ich mein Zelt auf. Ich habe keine Eile, in den Schlafsack zu kriechen. Gegen zwei Uhr morgens setze ich mich an den groben Tisch vor der Hütte, breite mein Briefpapier auf dem rissigen Holz aus und beginne, einen Brief an Juliana zu schreiben. Ob sie wohl Freude hätte, diese Landschaften wieder zu sehen, neben mir zu sitzen? Kein Moskito in der Luft. Ich glaube, sie würde es genießen. Eine gute Jahreszeit, um hier unterwegs zu sein!

Ein leichtes Geräusch über dem Fluss lässt mich aufsehen: Ein kapitaler Elchbulle steht dort. Deutlich erkenne ich den mächtigen Schädel. Doch das Badewasser scheint ihm zwei Grad zu kühl zu sein, denn mit weit ausholenden Bewegungen schwimmt er eilig dem entgegengesetzten Ufer zu.

Der Yukon ist jetzt so breit, dass ich auf der Weiterfahrt kurz die Orientierung verliere und nicht mehr weiß, wo ich mich befinde. Anders als in den riesigen Seengebieten Nordmanitobas und -saskatchewans ist das hier unbedeutend, denn die Strömung des Flusses wird mir den Weg weisen. Nur sollte ich nicht an Dawson City vorbeipaddeln! Ich habe vor, dort einige Tage zu verbringen und mir noch einmal den Hauch von *ninety-eight* um die Nase wehen zu lassen, vor allem aber will ich Juliana anrufen.

Eine Yukon-Fahrt zeigt täglich, dass dieser Teil des Nordens ein Gebiet voller Geheimnisse ist. Oft sind es die Überreste aus dem Alltag einer fernen Vergangenheit, die jetzt ihren besonderen Reiz entfalten. Das spürt, wer wie ich gern an alten Goldcamps stoppt und seiner Vorstellungskraft freien Lauf lässt. Für die meisten, die damals wie Galeerensklaven schufteten, angetrieben von der Hoffnung auf eine Unze *pay dirt*, das verlockende Glitzern in der Hand, war das Leben sicherlich sehr prosaisch. Ein langer Arbeitstag, vom Holzhacken übers Brotbacken bis hin zum Umwühlen der Erde, war nicht dazu angetan, schwärmerische Gedanken aufkommen zu lassen. Ein echtes Geheimnis aber war und blieb, was letztlich zur Aufgabe der Siedlung Minto führte: 1953 hatte eine Reihe ungeklärter Mordfälle die Einwohner des Ortes in Angst und Schrecken versetzt. Als die Mordserie nicht enden wollte, gaben sämtliche Bewohner Mintos ein Jahr später auf und zogen weg.

Wer den Fluss von Whitehorse her als schmales, glasklares

Gewässer in Erinnerung hat, wird hier, oberhalb seines Zusammenflusses mit dem Pelly River, kaum glauben, dass er noch derselbe ist. Breit und träge ist er geworden, und seine Farbe ist ein schlammiges Grau.

Das Paddel habe ich aus der Hand gelegt und am Boot befestigt. Langsam gleitet das Kajak dahin. Ich hole meinen Briefblock hervor. Jeden Tag schreibe ich ein paar Seiten an Juliana. Mir ist dann, als sei sie bei mir…

Briefe aus der Einsamkeit

Auf dem Yukon River
25. Mai, nachmittags

Liebe Juliana,

ob Du Dir wohl vorstellen kannst wie mein Leben verläuft, rund 10 000 Kilometer entfernt von deiner Seite der Welt?

Elf Stunden habe ich gestern gepaddelt; meine Handflächen sind noch immer rot, vor allem die linke. Das Gesicht ist geschwollen, die Lippen von Wärme und trockener Luft spröde. Die Sonne schien gestern den ganzen Tag, ab frühem Nachmittag war es sogar windstill. Ein idealer Paddeltag, den ich genutzt habe, zumal sich mein Oberkörper während der letzten Tage an den Rhythmus des Paddelns wieder gewöhnt hat.

Ich habe mich auf vieles neu eingestellt. Nur mit dem Alleinsein tue ich mich noch etwas schwer. Einsamkeit macht mir gar nichts aus, Du weißt das. Aber am liebsten würde ich sie mit Dir erleben. Ich glaube, im Austausch miteinander erlebt man alles intensiver.

Das Wasser des Yukon ist noch immer eiskalt. Kein Wunder,

bei den Eisbergen am Ufer hast Du das Gefühl, als hätte jemand die Kühlschranktür offen gelassen. Viele der Eisschollen sind wohl fünf mal fünf Meter groß. Beim Anlegen heute wollte ich mein Paddel zwischen zwei Eisblöcke stecken, um das Boot zu stabilisieren. Plötzlich ein trockenes Knacken, und mein Paddel hatte einen Sprung.

Mir scheint, es war eine gute Eingebung, gestern so lange bei Windstille zu paddeln. Vor zehn Minuten ist starker Wind aufgekommen und jetzt fällt Regen. Ich muss kurz unterbrechen und meine Sachen abdecken…

Da bin ich wieder. Ist das nicht verrückt, just habe ich das Spritzdeck übergezogen, schon hört der Regen auf! Aber es ist längst nicht mehr so schön wie zuvor.

Weißt Du noch, wie ich darüber schmunzelte, als Du vor meinem Start sagtest: »Ich lasse Dich nur ziehen, wenn Du ein Gewehr zum Schutz mitnimmst.« Letzte Nacht war da ein Schwarzbär, etwa hundert Meter von mir entfernt. Ich gebe zu, den Schießprügel hab' ich dicht in meine Nähe geholt. Da sind mir die Eichhörnchen, die hier überall wie rekordsüchtige Sprinter mit erregtem »Tschick, Tschick« über den Boden rasen, doch lieber als der flauschigste Teddybär.

Fortsetzung des Briefes
26. Mai, 1.45 Uhr nachts

Knapp zehn Stunden habe ich jetzt im Kajak verbracht, gegessen, gepaddelt und gepaddelt, nur einmal pausiert, um mir die Beine zu vertreten. Es ist ein unbeschreiblich herrliches Gefühl, zu spüren, wie der Körper in Bewegung ist… aber Du weißt es ja.

Nun schließ einmal die Augen und stell Dir vor, wie ich auf dem Fluss dahintreibe, mit rot kariertem Halstuch und Lederhut auf dem Kopf. Wenn Wind aufkommt und Wellen gehen, schlägt mein alter Kochtopf gegen den Bootsrahmen. So schippert denn Omas alter Pott mit mir zum Beringmeer. Ich glaube, er fühlt sich hier wohler als in einer modernen Einbauküche mit Microwellentechnik..., so wie ich.

Aus den Gummistiefeln bin ich seit dem Start nicht mehr rausgekommen. Sowohl am Ufer als auf den Inseln ist es schlammig und nass. Fünfmal hat es heute geregnet, doch da es kurze örtliche Schauer waren, habe ich keine Regensachen angezogen. Aber kalt ist es. 300 Meter über mir liegt auf den Bergen noch viel Schnee. Wie die letzten Tage sind auch heute die Ufer des Yukon mit Meter dicken Eisbänken bedeckt. Sobald ich anlege, ich denke, so gegen drei Uhr morgens, werde ich ein schönes Feuer machen, mich aufwärmen und vor allem meine eisigen Füße toasten!

Von Pelzhändlern und Goldcreeks

Kurz bevor der Pelly River den Yukon berührt, erreicht dieser seine bisher größte Breite; was nicht unbedingt vom Wasser aus zu erkennen ist, denn zwei große Inseln teilen hier den Strom.

Es war im Sommer 1843 gewesen, als ein Beauftragter der Hudson Bay Company namens Robert Campbell als erster Weißer bis hierher vordrang. Mit ihm waren zwei Frankokanadier, zwei Indianer und ein Engländer. Campbell, ein stattlicher Mann Mitte Dreißig, hatte von seiner Gesellschaft den Auftrag erhalten, Neuland zu erkunden. Er tat es, indem er vom bekannten Mackenzie River östlich von hier die Wasserscheide überquerte und einem Fluss folgte, den er zu Ehren des Gouverneurs der Hudson Bay Company Pelly River benannte. Campbells Hoffnung war groß, als er die Stelle erreichte, wo der Pelly in einen noch mächtigeren Strom fließt. Hatte er die lang ersehnte Wasserverbindung zum Pazifik erreicht? Er gab dem unbekannten Strom den Namen Lewes River.

1848 gründete *Chief Factor* Robert Campbell am Zusammenfluss von Pelly und Lewes River einen Handelsposten, den er Fort Selkirk nannte. Nachdem er die Schwierigkeiten des Aufbaus und der Versorgung des Forts gerade überwunden hatte, erfolgte vier Jahre später ein vernichtender Angriff der Chilkat. Küstenindianer, was hatten die hier zu suchen?

Die Chilkat waren ein Volk, das vom Handel lebte. Sie verkauften den Stämmen an Pelly und Lewes River Waren und brachten ihrerseits Pelze zum Weiterverkauf an die Küste. Kein Wunder, dass sie die Leute der Hudson Bay Company als Eindringlinge und Konkurrenten auf der Suche nach Pelzen betrachteten.

Campbell und seine Leute überlebten den Angriff der Indianer. Aber Fort Selkirk war zerstört worden. Es gab später Versuche des Wiederaufbaus. Ein Mann namens Arthur Harper errichtete auf den niedergebrannten Grundmauern einen Handelsposten. 1892 wurde eine Missionsstation gebaut. Ein kleiner Aufschwung kam noch einmal 1898: Eine Hand voll Goldsucher auf dem Weg zum Klondike sowie *Mounties* verbrachten hier den eisigen Winter 1898/1899. Nachdem später für viele Jahre wieder absolute Ruhe eingekehrt war, errichtete die Hudson Bay Company 1938 erneut einen Handelsposten. Aber auch das nicht für lange. 1950 kam das endgültige Aus für Fort Selkirk, 102 Jahre nach dem mühsamen Aufbau durch Campbell. In diesem Punkt war er glücklos gewesen, der große Forscher, und auch was seine Namensgebung anbelangte, hatte er Pech. Denn nicht lange hielt sich die Bezeichnung Lewes River für den neu entdeckten Strom. Bald schon hieß er Yukon.

Als ich das, was der Zahn der Zeit von Fort Selkirk übrig gelassen hat, erreiche, ist es später Abend. Kein Laut dringt aus dem verlassenen Ort zu mir. Nur ein indianischer Wachmann namens Danny Roberts lebt hier mit seiner Frau seit 1963 – jahrein, jahraus.

»Während der Wintermonate ist es einsam zwischen den Blockhütten, und nur dann und wann passiert es, dass ein Elch im tiefen Schnee durch Fort Selkirk stapft«, plaudert Danny.

Im Sommer aber kommen Paddler zu Hunderten. Als Juliana und ich auf unserer ersten Yukon-Tour hier angelangt waren, hatte Danny Roberts uns sogleich begrüßt – in der Hand ein Gästebuch.

»Extra für euch habe ich das Pflücken wilder Stachelbeeren unterbrochen.« Auf sympathische Weise lächelte er bei diesen Worten. So trug ich unsere Namen ein, unter japanische Schriftzeichen und Adressen aus vielen Winkeln der Welt.

Fort Selkirk ist die besterhaltene Geisterstadt am Yukon River. Würden hier Menschen leben, würde man die Häuser mit Leben füllen, wäre kein Unterschied zu sehen gegenüber den bewohnten Orten, wie sie in entlegenen Gebieten Alaskas und Kanadas noch heute zu finden sind.

Das alte Schulhaus hier wird sich tief in mein Gedächtnis eingraben. Haben da nicht noch heute morgen Drittklässler gesessen? Man ist versucht, sich zu bücken, unter die alten Schulpulte zu sehen, ob irgendwo ein frischer Kaugummi klebt oder ein gefalteter Spickzettel verborgen ist. Wie oft mögen wohl die Blicke der ABC-Schützen von der alten Buchstabiertafel an der Wand abgeglitten und zum Fenster gewandert sein, wo vielleicht ein Eichhörnchen gerade naseweis in den Klassenraum blinzelte.

Heute wächst aus den Ritzen zwischen den Baumstämmen des Schul-Blockhauses Gras. Fast wie ein Stilbruch wirkt das alte Ford-T-Modell mit Holzaufbau, das hier seit Jahrzehnten vor sich hin rottet. Knatterte damit 1936 der *Factor* der Hudson Bay Company zum Anleger, um neue Ware vom Dampfer zu holen?

Im Sommer ist Fort Selkirk ein beliebter Treffpunkt für Kanuten. Man sitzt dann abends am Lagerfeuer, plaudert und genießt die Gesellschaft, die mancher in den Tagen der Flusseinsamkeit zuvor manchmal entbehrt haben mag.

Wind ist aufgekommen und schreckt mich in meinen Gedanken auf. Kein Laut dringt an diesem frühen Abend vom Ort her zu mir hinüber. Noch einige Zeit folge ich der Basaltwand, die die rechte Begrenzung des Yukon River bildet. Eine großartige Landschaft, vielleicht die reizvollste, die der Yukon seit dem Lake Laberge durchzieht.

Nach einer Landschaft, die mich an die Fjorde Skandinaviens erinnert, passiere ich den Isaak Creek. Einst war hier ein Holzcamp für die gefräßigen Schaufelraddampfer, aber auch eine Mine.

Es scheint, als habe auf der Strecke zwischen hier und Dawson City vor gut hundert Jahren das Gold nur darauf gewartet, entdeckt zu werden. Fast alle Creeks haben ihre Gold-Story. Schon bald nach Isaak Creek kommt Britannia Creek. Eine alte Piste führt von hier 37 Kilometer zu einer einsamen Goldmine. Deren Ende kam 1970, als die Fördermaschinen abtransportiert wurden. Ein Stück unterhalb liegt Ballarat Creek. Ob es ein Australier war, der hier nach Gold buddelte und den Creek nach der gleichnamigen Stadt Down Under benannte, ist nicht mehr zu ermitteln. Vielleicht war's auch nur der Wunsch nach ebenso unglaublichen Goldfunden wie dort, der zu dem australischen Namen führte. Die Hoffnung des Namengebers sollte nicht enttäuscht werden. Ballarat Mine, rund 22 Kilometer vom Fluss entfernt, hat Unmengen von Gold dem Erdboden entrissen.

Coffee Creek, noch weiter unterhalb, hat ausnahmsweise keine Bedeutung durch eigenes Gold erlangt; hier führte 1913 ein Trail zum Chisana Gold in Alaska vorbei. Wer heute den Pfad begehen will, muss sich auf einiges Suchen gefasst machen. Schon viele Jahre wurde er nicht mehr benutzt, er ist überwachsen und kaum noch zu erkennen.

Die Liste der historischen Namen in diesem Abschnitt des

Yukon River ist lang und ließe sich ergänzen um Kirkman Creek und Thistle Creek. Zeit zu haben, eine Goldwaschpfanne mitzubringen, hier und dort in einer Bucht zu stoppen, selbst nach Gold zu waschen, ist neben der eigentlichen Flussbefahrung wohl das größte Vergnügen auf einer Yukon-Reise. Allerdings nicht Ende Mai, denn auch hier säumt noch dickes Eis die Ufer. Doch bei unserer letzten Reise hierher hatten wir keinen *Creek* ausgelassen und keine Chance vergeben. Aber wir fanden kein Gold. Mag sein, dass es daran gelegen hatte, dass es bei mir statt einer *Goldpan* nur eine Bratpfanne war.

»Das einzige Glitzern, das ich während der letzten Tage gesehen habe, war das in deinen Augen«, hatte Juliana hinterher leicht spöttisch angemerkt.

Wenn mir nun auch dieser Tag kein Gold einbringt, so doch einige Tierbegegnungen. Zwei Elche äugen von einer Insel mitten im Fluss aufmerksam zu mir herüber, kurz drauf dringt der Ruf von Kanadagänsen an mein Ohr. Wildgänse sind sehr wachsame und scheue Tiere. Kaum haben sie mich wahrgenommen, erheben sie sich flügelschlagend in die Luft. Ganz still ist es auf einmal. Nach dem Lärm der Wasservögel empfinde ich die Ruhe besonders intensiv.

Das Urstromtal öffnet sich jetzt erneut und gibt den Blick auf sich verästelnde Wasserarme, Inseln, Felsufer und sanfte Hügel frei. Als ich die Mündung des White River erreiche, verändert sich das Land, vor allem aber die Farbe des Yukon River. Der White ist hier ein lehmiggrauer Fluss, der seinem Namen keine Ehre macht. Auf dem langen Weg von den Kluane Mountains bis hierher hat er Schlamm mit sich gebracht und schlagartig ist nun sein vergleichsweise klares, grünblaues Wasser weißlichgrau gefärbt. Der Yukon, jetzt ein großer Strom, wird bald noch mächtiger: Der Stewart River gesellt sich zu ihm.

Am Zusammenfluss sehe ich auf der Insel Stewart Island Häuser. Heute lebt nur noch eine Familie hier, bei der der Flussreisende seine Lebensmittelvorräte auffrischen kann. Da es spät ist, schlage ich hier auch mein Nachtlager auf, entfache ein Feuer und wärme mich.

»Nanu, was war denn das?« Wie ein Reflex klatscht meine rechte Hand auf die linke Wange. »Hey, der erste Moskito der Saison!« Es wird Sommer am Yukon River!

Ich blicke kurz auf meine Karten: Noch gut hundert Kilometer sind es bis Dawson City. Vor mir liegt der Sixty Mile River, an dessen Mündung gegenüber auf einer Insel in der Mitte des Yukon einst die erste Polizeistation des Nordens und ein Sägewerk stand.

Sixty Mile River, der Name markiert die Entfernung nach Dawson City. Wenn ich kräftig ans Paddel greife, kann ich die Strecke an einem Tag schaffen. »*Hoo for the Klondike!*« Morgen will ich dort sein.

Dawson City
Die Geburtsstadt der Millionäre

Dawson City ist nicht zu verfehlen.

Der Yukon wird schmal und von Osten strömt ein kleiner Fluss hinein: der Klondike River. Unmittelbar dahinter befindet sich die »größte Stadt nördlich von San Francisco und westlich von Chicago«.

Es ist gegen 21 Uhr, als ich mein Faltboot an Land ziehe. Nur wenige Geräusche dringen aus der City zu mir. Den Anspruch auf Superlative hat Dawson zwischenzeitlich aufgegeben. Größte Stadt ist sie schon lange nicht mehr. Heute leben rund 2000 Menschen hier, wo sich in Boomzeiten Zehntausende durch die Straßen schoben.

Da der Himmel nach Regen aussieht, decke ich mein Boot ab, ziehe meine Jacke über und bummele in den Ort. Wer in Dawson City ein wenig abgewetzt wirkt, fällt nicht auf, mit Ausnahme der wenigen Wochen im Sommer, vor allem im August, wenn sich Besucher aus aller Welt einstellen, um die *Discovery Days*, die Tage der ersten Goldfunde, zu feiern. Und wenn, dann sticht es wohl auch nur dem ins Auge, der eben fein gekleidet aus dem flotten Camper steigt. Ansonsten ist Dawson ein Ort mit Typen, Originalen und zünftigen Erscheinungen, die in diesen entlegenen Fleck passen.

Dawson City, ausgelegt für Zehntausende, mit rechtwinklig angelegten Straßen, könnte wie ein Museum erscheinen. Dass es nicht museal angestaubt wirkt, macht seinen Reiz aus, auch wenn die Stadt während des letzten Jahrzehnts ihr Gesicht verändert hat. Viele baufällige Häuser wurden restauriert und mit Farbe versehen. Anfang der 1960er Jahre wurde die Stadt eine *National Historic Site*. Gut so, denn *Parcs Canada*, die Nationalparkverwaltung, zog ein, übernahm fünfunddreißig Grundstücke mit baufälligen Häusern aus der Goldrauschzeit und investierte ein Vermögen in den Erhalt dieses Geisterortes. Mit großem Erfolg.

»Wo gibt's hier eine Telefonzelle?« Der Typ mit rot karierter Jacke, an den ich die Frage richte, kratzt sich am Nacken: »Versuch's mal im Eldorado Hotel.« Er beschreibt mir den Weg. 28 Dollar in Münzen klimpern für das lange geplante Telefonat in meiner Jackentasche. Bereits in Carmacks hatte ich mir die Silberlinge für diesen Zweck Stück für Stück zur Seite gelegt. Ob Juliana jetzt wohl zu Hause ist? Vielleicht ist sie schon zur Arbeit gegangen?

Abend am Yukon – das ist früher Morgen in Deutschland. Ich stelle mir vor, wie überrascht sie sein wird, wenn ich anrufe. Muss das nicht für jemanden, der zu Hause in der guten Stube sitzt und plötzlich eine Stimme aus der Wildnis hört, wie ein Ruf – ein Lockruf – aus einer anderen Welt sein? Wie anders ist doch ihr Leben, das sie jetzt dort führt, im Vergleich zu meinem. Seit gestern habe ich all ihre Briefe noch einmal gelesen. Wieder habe ich gedacht, am liebsten wäre es mir, sie würde zu mir kommen. Nicht dass ich Heimweh hätte oder mir das Alleinsein zusetzte, aber jahrelange engste Gemeinschaft verbindet sehr stark, und wenn du sie unterbrichst, ist es, als würde dir deine rechte Hand fehlen, ein Teil deiner Selbst. Soll ich sie fragen, ob sie mich besuchen kommt? Bei einer günstigen Flugverbindung wäre sie in zwei bis drei Tagen hier.

»Hey, du bist verrückt«, sage ich mir. »Schlag dir solche Hirngespinste aus dem Kopf.«

Tüüt… tüüt… der Ruf geht ins Leere. Niemand zu Hause. Ich hänge den Hörer auf. Und bin enttäuscht. Langsam gehe ich raus auf die Straße. Es hat ganz fein zu nieseln begonnen. Nicht viel los in Dawson City. Ein kräftiger Hund mit buschigem Schwanz streicht über die Straße. Ich gehe vorbei am *Post Office*, das jetzt ganz still vor mir liegt; auf einem alten Foto aus dem Jahr 1898 drängen sich Hunderte von Menschen an dieser Stelle. Zuvor war der Schaufelraddampfer eingelaufen mit Nachrichten und Briefen aus aller Welt.

Einige Gebäude in Dawson City lassen noch heute den einstigen Wohlstand erkennen, wenn das Schicksal der Stadt auch, wie eine Broschüre beschreibt, wie das schillernde Leben eines schönen Schmetterlings war, der sich in einem Sommer zur vollen Pracht entwickelt, dann aber stirbt. Dieser Vergleich ist zutreffend.

1896 gab es hier absolut nichts. Bis ein gewitzter Kerl mit Namen Joseph Ladue 1896 Wind von den ersten Goldfunden bekam. Als eine sensationelle Nachricht die andere übertrumpfte, war es für den geschäftstüchtigen Burschen ein Leichtes, sich auszurechnen, dass über kurz oder lang eine Stadt vonnöten sei. Ladue dachte nach. Gäbe es dafür einen besseren Platz als auf dem flachen mit Tundra bewachsenen Landstück am Zusammenfluss von Klondike und Yukon River? Nicht dass Joe Ladue ein Städteplaner gewesen wäre, oder im Auftrag der Regierung gehandelt hätte, er hatte schlichtweg ein Gespür dafür und war zur richtigen Zeit am richtigen Ort.

In Fortymile ließ er – wie zuvor schon George Washington Carmacks – seine Landansprüche registrieren, was unproblematisch war. Dann lud er im Camp Ogilvie am Sixty Mile River, wo er ein kleines Sägewerk betrieb, seine Maschinen, Bauhölzer, Werkzeuge und all die tausend Dinge, die er für die Realisierung seiner Vision zu benötigen glaubte, auf ein Floß und trieb den Yukon entlang bis zu jener Stelle, die er kurz darauf nach dem kanadischen Geologen George Dawson benannte.

Seine Nase hatte Ladue nicht getrogen. Zwei Jahre später hätte er sie sich vergolden lassen können. 15 000 Dollar zahlte man zu diesem Zeitpunkt bereits für einen Meter Straßenfront auf dem heißesten Grundstücksmarkt des amerikanischen Kontinents.

Für viele in Dawson City schien Geld damals keine Rolle zu spielen. In einem Taumel, wie ihn wohl nur der Habenichts spürt, der über Nacht zum Millionär wurde, gaben nicht wenige den Goldstaub, dem sie ein Leben lang nachgejagt waren, mit offenen Händen aus. Einer von ihnen war Dick Lowe, der als

Nördlich von Dawson City: Der Yukon River fließt durchs »Goldland«.

Gehilfe des Landvermessers Ogilvie beim Vermessen der Claims gearbeitet hatte. Als eines Tages ein winziger Rest-Claim ermittelt wurde, der niemandem gehörte, meldete Lowe ihn auf seinen Namen an.

»So klein war das Ding, dass du Mühe hattest, mit eingezogenen Beinen auf deinem eigenen Grund und Boden zu schlafen, ohne deine Füße in den Nachbar-Claim zu stecken«, prahlte er später an den Bars der Stadt.

Zunächst versuchte er, den Claim für ein paar hundert Dollar zu verkaufen. Ohne Erfolg.

Missmutig und offensichtlich selbst nicht sonderlich auf sein Glück vertrauend, machte sich Lowe nun selbst an die Arbeit. Innerhalb eines Tages fand er Gold im Werte von mehr als 40 000 Dollar. Legt man heutige Preise zu Grunde, wäre das über eine halbe Million. Doch das war nur der Anfang des Erfolgs von Dick Lowe.

Obwohl es fast alles in Dawson City zu kaufen gab, kletterten die Preise in astronomische Höhen. Salz wurde anfangs mit Gold aufgewogen. Dreißig Dollar kostete die Gallone Milch. Und wer im Frühjahr 1898 seinem Appetit auf eine Melone nachgab, legte fünfundzwanzig Dollar auf den Tresen.

Rund 30 000 Menschen lebten zu diesem Zeitpunkt in der Stadt. Neben den Glücksrittern, die der Lockruf des Goldes nach hier geführt hatte, waren aber auch solche, die auf schnelle Weise auf das Geld der anderen aus waren: Spieler und Falschspieler, Diebe, Banditen und Prostituierte. Dass es nicht zu Mord, Totschlag und wüsten Schießereien kam, war auch hier ein Verdienst der *Mounties* unter Führung von Samuel B. Steele. Mit Geschick, Strenge, aber auch viel Verständnis bändigten achtzig *Mounties* 30 000 zum Teil recht wilde Burschen.

Niemand in Dawson City trug eine Waffe, mit Ausnahme der

Mounties. Keinem ist der Versuch bekommen, einen Polizisten zu bestechen. Entweder kam er hinter Gitter oder wurde aus der Stadt gejagt. Gewalttaten und Exzesse unter diesem Haufen bunt zusammengewürfelter Männer, wie sie auf den Goldfeldern Alaskas an der Tagesordnung waren, gab es hier nicht.

Eher zurückhaltende Vermutungen besagen, dass allein Bonanza Creek Gold im Werte von 500 Millionen Dollar gebracht hatte. Doch bereits wenige Jahre nach den ersten Funden waren es nicht mehr unverdrossene, wagemutige Goldsucher, die die *Nuggets* fanden. Große Gesellschaften hatten inzwischen die meisten der jeweils rund 150 Quadratmeter großen *Claims* aufgekauft und begannen den Goldabbau systematisch, professionell und im großen Stil mit Maschinen. Als 1966 die Yukon Consolidated Gold Corporation ihre Tore schloss, und die mächtigen als *Dredges* bezeichneten Fördergeräte arbeitslos wurden, legte man auch dieses Kapitel Dawsons zu den Akten.

Ein *Pickuptruck* hält neben mir und lässt mich aus meinen Gedanken hochfahren. Ein stoppelbärtiger Typ öffnet das Fenster.

»*How ye doing?*«

»*Just fine.*«

Er stellt sich als Robby aus Ontario vor. Nur Sommergast sei er in Dawson City: »Um in meinem *Claim* zu wühlen.«

Ob er denn schon was rausgeholt hätte?

»Oh ja, oh ja… jede Menge Sand und Kies und Dreck.«

Er grinst. »Na ja, dann und wann auch noch ein bisschen Goldstaub.« Für den Sprit von Ontario bis hier und zurück reiche es jedenfalls, und für ein paar Bier… »Magst du eins?«

Er reicht mir eine Flasche. »*Cheers!*«

Ich frage ihn, wie spät es sei.

»Kurz nach Mitternacht«, sagt er. Bald verabschieden wir uns. Er schlägt mir vor, mich morgen zu den alten Goldcreeks hochzufahren. »*See you tomorrow.*« Dann bin ich wieder allein. Als ich das Eldorado Hotel erreiche, sind trotz später Stunde dort noch viele Menschen auf den Beinen.

Könnte Juliana sich doch in meine Stimmung versetzen bei diesem zauberhaften Dämmerlicht einer Vorsommernacht, das die Realität verklärt und eine Stimmung zum Träumen aufkommen lässt. Ich nehme den Hörer ab, sage dem *Operator*, mit welcher Nummer in welchem Teil der Welt er mich verbinden soll, und dann ist sie am Apparat. Meine 28 Dollar haben für das Telefonat nicht gereicht. Also führe ich noch ein weiteres Gespräch in dieser Nacht.

»Hast du Lust zu kommen?«, frage ich sie. Sie zögert, dann sagt sie: »Du hast begonnen, einen Alleingang zu unternehmen. Du wärest unzufrieden mit dir, würdest du deine Pläne jetzt über den Haufen werfen. Mach weiter! Ich drücke dir ganz fest die Daumen!«

Natürlich, sie hat ja Recht. Aber einen Moment lang war ich innerlich ins Straucheln geraten.

Als ich gegen drei Uhr morgens zu meinem Faltboot zurückgehe, sehe ich in der *Front Street* einen Radler auf mich zukommen. Sollte das etwa …?

»Hallo! Dave, wie geht's?«

»Was, du schon hier? Musst aber flott gepaddelt sein!«

Große Begrüßung nachts auf einer Straße mitten im entlegenen Yukon Territory am Rand der Welt. Solche Momente sind das Salz in der Suppe jedes Reisenden. Nach einem kurzen Erfahrungsaustausch verabreden wir uns für morgen. Dave will sich im Hotel einquartieren. Hundemüde sei er. Und dreckig. Eine heiße Dusche wolle er, eine weiche Matratze und morgen nichts wie ab in den Waschsalon. Er bekommt dabei einen ganz verklärten Blick.

Am nächsten Mittag holt mich Robby ab. Dort, wo er mit seinen Freunden einen Claim hat, zwischen Bonanza und Bear Creek sieht es aus, als habe jemand das Land umgekrempelt und das Innerste nach außen gekehrt. Greenhorns seien sie noch, sagt Robby. »Aber warte ab, nur noch ein paar Sommer, dann...«

Cheechacko sagten sie früher zu ihnen. Ein solcher *Cheechacko* war vor der Jahrhundertwende Oliver Millet, ein Deutschkanadier. Besessen von der Vision seiner eigenen großen Bonanza stellte er eigenwillige Theorien auf, wo die Goldader entlanglaufe. Man lächelte mitleidig. Aber Millet fand, wonach er suchte. Angeheizt vom Erfolg grub er weiter und fand mehr Gold. Letztlich verkaufte er seinen *Claim* für 60000 Dollar. Sein Käufer holte kurz drauf Gold im damaligen Wert von einer halben Million Dollar heraus. Millet, was warst du für ein *Greenhorn*, ein *Cheechacko*! Den Fundort nannte man nach ihm Cheechacko Hill.

Ich hätte nichts dagegen, hier zu bleiben und auch mein Glück zu versuchen. Weniger in der Hoffnung auf das Sieb voller Gold, als vielmehr weil es mir Freude macht zu sehen, dass die frühen Bilder meiner Jungenfantasie hier noch wahr werden könnten. Aber der Fluss lockt.

Am Mittag des nächsten Tages rufe ich noch einmal bei Juliana an, was die Gesamtkosten meiner Gespräche auf 122 Dollar hoch schnellen lässt und meinem Reisebudget Schaden zufügt.

Sehr zufrieden darüber, in Dawson City ein Stück kanadischer Abenteuergeschichte zum Anfassen erlebt zu haben, kaufe ich noch etwas Proviant, verstaue meine Sachen im Boot und bin kurz danach auf dem Fluss. Obwohl das klare Wasser des Klondike River sich mit dem Yukon vermischt hat, ändert es nichts daran, dass der Fluss weiterhin grau bleibt.

Nach den Tagen der Ruhe bereitet mir das Paddeln ungeheuren Spaß. Dieses vertraute »Pitsch, Pitsch«, wenn die Paddelflächen das Wasser zerteilen, wird für die nächsten Wochen meine Begleitmusik sein. Ich passiere den Old Man Rock, einen charakteristischen Felsen, der wie ein stummer Bewacher des Yukon Valley über dem Land thront. Unterhalb des Fifteen Mile River bekommt das Yukon Valley noch einmal fjordartigen Charakter. Dahinter leuchten weit in der Ferne schneebedeckte Berge. Am Spätnachmittag erreiche ich den Forty Mile River. Ich paddele in die Mündung des kleinen Flüsschens, steige aus dem Boot und vertäue es. Hier also war es, wo die wahren Geschichten von Dawson City und Bonanza Creek begannen. Als noch kein Mensch vom Gold am Klondike redete, lebten in Fortymile bereits Hunderte.

Was muss das für ein Bild gewesen sein, als George Washington Carmacks, Skookum Jim und Tagish Charly wie von Furien gehetzt hier hineinstürmten und ihre Schürfansprüche sicherten. Welches war nur das Gebäude, in dem sie sich ein paar Whiskeys hinter die Binde gossen, die angehenden Millionäre?

Ich setze mich auf den Boden. Das einzige Geräusch ist das des Windes, der sacht durch das noch gelbe Gras fährt und es tanzen lässt.

Fortymile ist heute ein lebloser Ort. Vor mir ein zusammengefallenes Haus, wie im Moos versunken, als wüchse das Dach aus dem Boden heraus. Nicht weit entfernt, das Gebäude der Polizei. Durch hohle Fenster- und Türöffnungen streicht der Wind. Hier und da liegen noch Arbeitsmaschinen herum, vom Gras überwuchert. 1894 gab es in Fortymile zwei Bäckereien, zahlreiche Kneipen und eine stattliche Anzahl Blockhütten. Die meisten Goldsucher aber hatten ihre *Cabins* weiter vom Fluss entfernt direkt an ihren *Goldcreeks* errichtet.

Das Schicksal Fortymiles ist typisch für viele praktisch aus

Die Geisterstadt Fortymile

dem Boden geschossene Siedlungen. In einer Welt, die noch ohne Internet und SMS auskommen musste, waren Neuigkeiten oft Monate alt. So trafen zahlreiche der Hoffnungsvollen nach langem Anmarsch erst auf den Goldfeldern ein, nachdem die begehrten *Claims* schon vergeben waren. Was blieb den armen Schluckern anderes übrig, als sich mit Hilfsarbeiten über Wasser zu halten. Kam dann aber das Gerücht auf vom nächsten Goldfund irgendwo an einem anderen Fleck, waren sie, die nichts mehr zu verlieren, aber viel zu gewinnen hatten, die Ersten, die weiterzogen. So leerte sich Fortymiles zusehends, zunächst Richtung Circle/Alaska und bald darauf zum Klondike River, dann zum Nome-Goldrausch.

Ich stehe auf, bummele noch einmal durch den Ort, in dem die erste weiße Frau der Yukon-Territorien gelebt haben soll, und lausche den Stimmen der Vergangenheit. Bald danach sitze ich wieder im Boot. Es ist schon spät. Nachdem zwischen White River und Dawson Creek das Eis am Ufer wie weggewischt war, sehe ich es auf einmal wieder. Ich paddele gut eine Stunde lang ohne Unterbrechung. Dann hole ich mein Schreibpapier heraus, lasse mein Boot treiben, schaue, träume und beginne, einen Brief zu schreiben.

Briefe aus der Einsamkeit

Auf dem Yukon nördlich von Fortymile
1.Juni, 22.40 Uhr

Liebe Juliana,

ich sitze im Boot und treibe auf dem Fluss. Beide Ellenbogen habe ich aufs Paddel gestützt. Das Boot dreht sich auf dem Wasser. Nordwestlich von Dawson ist der Yukon sehr lebendig; er brodelt, gluckst, überall ist Bewegung. Man spürt die Kraft, die jetzt im Frühjahr in den Fluten sitzt. Sehr viel Treibholz, das mit mir auf dem Weg nach Westen ist, oft sind es gewaltige Baumstämme, zwischen denen ich mit meiner Nussschale sehr aufpassen muss. Der Himmel ist zu später Stunde bleigrau geworden, nachdem es heute Nachmittag während unseres Telefonats in Dawson sonnig war. Die Landschaft ist schön, Berge sehe ich, viele von ihnen schneebedeckt. Stellenweise liegt der Schnee kaum höher als 200 Meter über dem Fluss.

Kannst du dir vorstellen, dass ich seit meinem Start in Dawson um 15 Uhr schon wieder achtzig Kilometer geschafft habe?! Nur einmal habe ich das Boot verlassen, das war als ich Fortymile anschaute. Es hat mir Spaß gemacht, durch die alten Hütten zu stromern, und oft habe ich daran gedacht, wie wir beide auf unseren gemeinsamen Touren keine alte Blockhütte zwischen Hudson Bay und Eismeer ausgelassen hatten.

Es ist wunderschön, so zu treiben und in die Stille hinein zu lauschen. Absolute Ruhe. Nur dann und wann rollen Steine vom Ufer runter und donnernd bricht irgendwo eine Eisscholle.

Am Yukon River
2. Juni, 2.35 Uhr morgens

Nun greife ich doch noch einmal zur Feder. Ich muss dir von diesem herrlichen Platz, den ich nach einem langen Paddeltag fand, erzählen:

Links von mir immer noch Berge, etwa vier Meter vor meinen Füßen strömt der Yukon. Rechts Hügel, und hinter mir steht mein Zelt auf einem Fleck, auf dem es bereits grünt. Du kennst ja die Rasanz des Nordens. Gestern war das Land tot, trocken und vom Winter gezeichnet, zwei Tage später, nach den ersten Sonnenstrahlen, sind die ersten Frühlingsboten da. Vor mir knistert das Feuer, und um mich herum ist eine herrliche Unordnung. Leise dudelt mein Radio. Es ist das erste Mal, dass ich es angeschaltet habe. Zunächst kam über Kurzwelle Radio Australia, *dann empfing ich die* Deutsche Welle *aus Köln. Die Welt wird klein am Fluss.*

Jetzt bin ich unterwegs, ohne dass jemand offiziell davon weiß. Man sagte mir bei der Polizei, mein nächster Stopp sei ja in Alaska und dorthin würde man keine Registration für Paddler weiterleiten. Ich hoffe, dass auch so alles gut verläuft wie bisher. Müde bin ich, ich werde jetzt aufräumen, meine Lebensmittel bärensicher verstauen, die Flinte laden… und dann nichts wie ab in den Schlafsack.

Yukon River vor Eagle
2.Juni, 22 Uhr

…heute ist einer der Tage, die du auf dem Wasser nie gern mochtest. Zugegeben, auch ich habe nicht sonderlich viel für sie übrig. Regen prasselt wie toll auf das Zeltdach. Dabei hatte der Tag sehr annehmbar begonnen. Jetzt liege ich nasskalt im Schlafsack. Mein Hemd ist noch feucht und meine Jacke auch.

Doch zurück zum Vergangenen. Erst nach drei Uhr bin ich letzte Nacht ins Zelt gekommen. Die Stimmung war so, dass ich mich selbst überreden musste, schlafen zu gehen. Als ich erwachte, regnete es leicht. Also wartete ich ab. Kurz nach Highnoon kam ich endlich los. Es war Grau in Grau, doch auch diese Stimmung war nicht ohne Reiz. Zwischen den schneebedeckten Bergen hingen die prallen Wolken, und der Fluss war ruhig. Ich habe begonnen, während des Paddelns zu summen, zu singen, manchmal auch zu pfeifen.

Nordwestlich von Dawson City ist die Landschaft bislang zweifelsfrei am schönsten gewesen. Es war gegen Nachmittag, ich wollte mir gerade eine Pfeife anzünden, da schaute ich nach hinten und sah eine tiefschwarze Wetterwand.

Plötzlich begann, wie aus dem Nichts, ein unglaublicher Sturm mit dem heftigsten Regen, den ich seit langem erlebt habe. Die Wellen gingen hoch, und so beeilte ich mich, ans Ufer zu kommen, blieb aber kurz davor im Boot sitzen. Das Wasser ging in Sturzbächen auf mich nieder, und der Sturm war eisig. Ich kauerte mich im Boot zusammen, mit dem Rücken zum Regen. Eine halbe Stunde hielt ich es so aus und fror wie ein Schneider. Da das Unwetter nicht nachließ, beschloss ich, mein Zelt im Wald aufzubauen. Dabei konnte ich nicht wählerisch sein. Den erstbesten halbwegs freien Fleck habe ich genommen.

Trotzdem waren noch viele Zweige und halb vermoderte Baumstämme an die Seite zu räumen. Beim Zeltaufbau stellte ich fest, dass unmittelbar unter dem Moos die Erde noch steinhart gefroren war. Im Schlafsack habe ich mich dann leidlich aufgewärmt und dabei meine Flusskarten studiert: Es ist noch ein weiter Weg, der vor mir liegt! In wenigen Tagen werde ich bereits in Fort Yukon sein. Danach, in den Yukon Flats, wird der Fluss mehr als fünf, gelegentlich sogar sieben Kilometer breit, mit unzähligen Kanälen und Hunderten kleiner Inseln. Irgendwo am Beginn dieses Labyrinths liegt Fort Yukon.

Vor etwa zehn Minuten hat der starke Regen aufgehört. Es nieselt nur noch, Vögel tirilieren jetzt, und in der Ferne höre ich erstmals Geräusche von Maschinen. Ist das etwa der kleine Ort Eagle? Das hieße, dass ich bereits in Alaska bin!

Welcome to Alaska!

Alaska feiert sich als das Land der Superlative. Als die Heimat der größten Bären, der mächtigsten Lachse, des zweithöchsten Berges des amerikanischen Kontinents – um nur in aller Bescheidenheit einiges wenige zu nennen. Es ist berechtigt, dieses Eigenlob, und verständlich dazu, zumal es noch gar nicht lange her ist, dass US-Amerika klar wurde, welch ein Schatzkästlein es als nordwestliches Anhängsel sein Eigentum nennt. Noch vor hundert Jahren sah mancher Alaska eher als westliche Hälfte des kanadischen Northwest Territory denn als Teil der USA an. Nach dem Zweiten Weltkrieg, insbesondere aber nachdem es 1959 als 49. US-Bundesstaat in den Staatenverband eingereiht wurde, stellte sich ein gesundes Selbstbewusstsein seiner Bewohner ein, das seitdem mit dem Bau der *Trans Alaska Pipeline* in dem Slogan *North tu the Future* gipfelt. »Im Norden liegt die Zukunft!«

Als ich nach meiner ersten Nacht auf alaskanischer Erde erwache, fröstelt mich. Die Zeltwände sind feucht wie der Boden. Ich werfe einen Blick nach draußen, Feuchtigkeit auch auf dem Moos, an den Spitzen der Gräser und den Zweigen der Fichten. Tristgrau der Himmel. Es scheint, als würden die Wolken nur ein kleines Stück über den Uferbäumen entlang driften. Kein Morgen, an dem man mit Begeisterungsschrei aus dem warmen

Schlafsack schlüpft. Mit etwas Glück und Ausdauer kann ich ein kleines Feuer entfachen und setze Tee auf. Dann belade ich das Boot. Bald danach bin ich auf dem Fluss. Ich habe mich noch nicht einmal warm gepaddelt, als ich auf dem erhöhten westlichen Ufer Holzhäuser ausmache. Also hatte ich die letzte Nacht tatsächlich vor Eagle/Alaska verbracht.

Zunächst passiere ich Eagle Village, ein traditionelles Dorf der Han Kutchin-Indianer mit kaum mehr als dreißig Einwohnern; zwei Flusskilometer später erreiche ich den Hauptort. Ich paddele zum Ufer, ziehe mein Boot an Land und befestige es an den Wurzeln eines vom Fluss unterspülten Baumes. Wenn gelegentlich dem Ort auch der Zusatz City verpasst wird, und sich dabei Vergleiche mit New York City aufdrängen sollten, so darf das allerdings nicht darüber hinwegtäuschen, dass Eagle ein kleines Nest mit nur rund 150 Einwohnern ist, wenn auch recht ansprechend.

Eagle/Alaska, eine großes Etappenziel ist erreicht.

Ich bummele die *First Avenue* entlang und komme an hübschen Holzhäusern vorbei. An manchen hängen mächtige Elchgeweihe über dem Eingang. Irgendwann erreiche ich einen Kramladen, dessen Sammelsurium von einem museumsreifen Lkw bis zu Hundeschlitten, Benzinfässern, Schneeschuhen und hunderterlei Kleinkram recht malerisch ist.

Eagle atmet Geschichte. Der Ort hatte zur Debatte gestanden, Hauptstadt Alaskas zu werden. Denn damals, vor gut hundert Jahren, war es der bedeutendste Ort Alaskas mit seinen 1700 Einwohnern. Anchorage oder Fairbanks gab es noch nicht.

Im Jahr 1900 traf der legendäre Richter Wickersham in Eagle ein, um für Recht und Ordnung in Alaska zu sorgen, was überfällig war. Sein Gerichtsbezirk umfasste ein Gebiet von etwa dreifacher Größe der Bundesrepublik Deutschland. Wickersham konnte dabei auf kaum mehr als auf sich selbst bauen; nicht mal ein Gerichtsgebäude gab es. Allerdings war ein Jahr zuvor der Militärposten Fort Egbert errichtet worden. Und doch verschaffte er sich Respekt, Autorität, aber auch große Anerkennung wegen seines Gerechtigkeitssinnes und seiner gelegentlich unkonventionellen Amtsführung. Aber das *Alaska Territory* mit einem Haufen zusammengewürfelter wilder Burschen erforderte auch andere Vorgehensweisen als in Boston oder San Francisco.

Ich stoppe beim Büro des *Yukon-Charley Rivers National Preserve*. Das sich unmittelbar von der Grenze Kanadas nach Westen erstreckende Gebiet entlang der beiden Flüsse Yukon und Charley war zur Bewahrung seiner Landschaft und Tierwelt unter den Schutz des Staates gestellt worden.

Ich frage eine Frau der Parkverwaltung, die mich mit heißem Kaffee bewirtet, nach den Wetteraussichten.

»Nicht gut, für die nächsten Tage hat der Wetterbericht Regen prophezeit.«

Wer könnte behaupten, dass ihn diese Aussicht erheitert?

Da ich in Alaska und damit in den USA bin, muss ich irgendwie den Formalitäten Genüge tun. Aber wie? »Versuch's mal bei John, dem Postmeister, der hat die meisten Stempel im Ort – und vielleicht auch einen für dich.«

Es ist gegen Mittag, als ich an die Tür des Postgebäudes klopfe. Der Tipp war goldrichtig. *Postmaster* John legt den Stempel, mit dem er gerade einen Brief bearbeitete, zur Seite, öffnet eine Schachtel und holt einen anderen hervor: ADMITTED, EAGLE/ALASKA drückt er in meinen Pass. Dann zieht er seine Stirn in amtliche Falten. Ob ich Geschenke, Drogen oder ähnliches dabei hätte?

Unwillkürlich muss ich lachen: »Ich bin froh, dass ich Bohnen, Reis, Tee und all das übrige Zeug für die nächste Zeit in mein Kajak reingekriegt habe, geschweige denn Geschenke.«

Damit ist der amtliche Teil abgehakt. *Postmaster* John geht zur Kaffeemaschine, holt zwei Pappbecher und gießt ein. Nach einem kurzen Schwatz bin ich wieder draußen und lese die Inschrift auf dem Gedenkstein vor dem Postgebäude, der daran erinnert, dass sich der Polarforscher Roald Amundsen hier nach einer erfolgreichen Expedition mit seinem Schiff aufhielt:

Zum Gedenken an den Besuch in Eagle/Alaska durch den Polarforscher Roald Amundsen, welcher hier am Nachmittag des 5. Dezember 1905 ankam, von wo aus er noch am selben Tag eine Telegrammnachricht an Fridtjof Nansen/ Norwegen sandte, mit der er die Bezwingung der North West Passage bekannt gab.

Nach Richter Wickershams Ankunft in Eagle war dessen Bedeutung mächtig gestiegen. Bereits 1901 war das Wickersham *Courthouse*, das Gerichtsgebäude, fertig gestellt worden. Seit 1903 tickern Nachrichten über das 1506 Meilen lange Washington-Alaska–Telefonkabel.

Heute hat Eagle sogar einen Flugplatz, dessen Grasfläche wie ein nur mäßig gepflegter Fußballplatz aussieht. Immerhin, einige Maschinen parken darauf. Mein letzter Gang führt mich in den Lebensmittelladen. »*Sorry*«, sagt man mir, »heute gibt's kein Brot. Das Versorgungsflugzeug ist wegen des miesen Wetters nicht geflogen.« Beiläufigkeiten wie diese zeigen, wie viel hier anders ist als in der gewohnten Selbstverständlichkeit daheim.

Als ich den Fluss erreiche, hat sich der Himmel vom gewöhnlichen Grau in ein sattes Schwarz verfärbt. Momente später schüttet es wie aus Kübeln. Ich flüchte unter das Dach eines alten Hauses, das früher Zollhaus war, als dem Fluss noch größere Bedeutung als internationalem Verkehrsweg zwischen Kanada und den USA zukam. Trotz des Sauwetters hat die Szenerie etwas Reizvolles: Schemenhaft sind im Dunkel des Himmels, des Wassers und der regengetränkten Luft schneebedeckte Berge auszumachen. Regen und Sturm können auch ihren Reiz haben, den zu genießen allerdings leichter fällt, wenn man das Schauspiel geschützt durch eine große Glasscheibe beobachten kann. Oder auch outdoor, wenn man für draußen richtig gekleidet ist. Und das bin ich, von den Gummistiefeln bis zum derben Regenzeug aus Armeebeständen. Zugegeben, das Material ist schwer, dafür aber wasserdicht und vor allem nicht kaputtzukriegen. Natürlich hätte ich mit leichtesten, schicken Kunststoffmaterialien vom *Outdoors*-Ausstatter reisen können. Doch ich mag es nun einmal, mich hinzusetzen, wo mir der Sinn danach steht, auch bei

Regen durch Wälder zu stromern, ohne befürchten zu müssen, dass mir ein Zweig die empfindliche Hülle zerreißt. Und überdies empfinde ich manchmal den Einheitsschick aus der *Outdoors*-Boutique als Uniformität.

Nachdem der Regen aufgehört hat, besteige ich mein Boot. Ein eisiger Wind geht. Die ständige Berührung mit kaltem Wasser und Wind haben meine Hände rau und rissig werden lassen. Dennoch paddele ich gegen den Wind, der jetzt von vorn kommt, in die Nacht hinein bis zwei Uhr früh.

Wenn mich jemand fragte, welches die schönsten Stunden auf dem Fluss sind – ob morgens, tagsüber oder nachts –, ich hätte Schwierigkeiten, eine schnelle Antwort nur für das eine oder andere zu geben. Über dem Morgen liegt die Frische des beginnenden Tages, tagsüber ist es die Helligkeit, gelegentlich auch der Sonnenschein, sind es intensive Farben und Wärme, aber nachts ist es das großartige Gefühl, der einzige Mensch weit und breit zu sein. Alles ist dann gedämpft, Geräusche wie Farben und Licht. Mir ist, als würde die Nordlandnacht immer mehr zu meinem Favoriten.

Da ich irgendwann aber auch einmal Ruhe benötige, schlafe ich länger als üblich in den Tag hinein, was ich wiederum bedauerlich finde. Wenn es mein Körper zuließe, würde ich jede Stunde dieses Sommers bewusst genießen.

Als ich am Vormittag aus dem Zelt krieche, traue ich meinen Augen nicht: blauer Himmel, Sonnenschein und kein Wind!

Ich klettere das Steilufer hoch in den Wald, sammle trockene Zweige und bereite ein Feuer. Was für ein Tag zum Paddeln! Aber es sind noch einige Flickarbeiten zu erledigen: Knopf am Regenmantel annähen, Reißverschluss eines Vorratsbeutels reparieren und dann das Gewehr reinigen. Durch die Nässe der letzten Tage hat es eine leichte Rostschicht bekommen. Manchmal denke ich, das Gewehr sei überflüssiger Ballast. Es ist das erste Mal, dass ich bei meinen Paddelabenteuern eine Feuerwaffe mitführe. Ich habe mich zwar vor Jahren in Deutschland mit Blick auf solcherart Wildnistouren durch die Jägerprüfung gebüffelt und den Jagdschein erworben, doch habe ich nicht vor, auf diesem Tripp zu jagen. Mir gibt es entschieden mehr, Gans, Biber oder Ente friedlich im Wasser zu beobachten, als die Harmonie der Natur durch einen Schuss zu zerstören. Und satt werde ich auch so.

Wer auf größere Tiere aus ist, sollte wissen, dass in Alaska und Kanada zu jagen dem hier nicht Ansässigen sogar grundsätzlich verwehrt ist, es sei denn, er vertraut sich einem *Outfitter* an. Da auch dieser Mensch leben muss und das Dasein im Norden nicht gerade billig ist, wird die Jagdsafari eine teure Angelegenheit.

Ich habe das Gewehr ausschließlich zur Selbstverteidigung dabei, falls ein Grizzly oder Schwarzbär meinetwegen rot sehen sollte. Es ist eine doppelläufige Flinte. Bei Bedarf lade ich sie mit Flintenlaufgeschossen, großen Bleiprojektilen, die auf eine Entfernung von bis zu dreißig Metern recht treffgenau sind und eine verheerende Wirkung zeigen.

Als ich endlich im Boot sitze, ist es früher Nachmittag. »Der Tripp heute ist ein Hochgenuss für jeden Augenmenschen«, notiere ich im Tagebuch. Mächtig breit ist der Fluss geworden, und das Auge kann weit schweifen.

Vereinzelt liegen noch immer Eiswälle am Ufer. Durch die Wärme der Sonne brechen große Stücke ab und plumpsen laut ins Wasser. Ansonsten ist es ruhig. Umso deutlicher hebt sich das kleinste Geräusch ab. Öfter als zuvor höre ich heute den Ruf der Wildgänse; eine von ihnen treibt lange Zeit neben meinem Faltboot. Ich versuche, mich so ruhig wie möglich zu verhalten. Hält mich die Gans für ein merkwürdig geformtes Stück Treibholz?

Erst als ich das Paddel einhole, erhebt sie sich laut trompetend, fast vorwurfsvoll, als laste sie mir an, unsere stille Zweisamkeit gestört zu haben. Ich paddele bis kurz vor Mitternacht. Der Yukon ist jetzt ein Labyrinth geworden.

Ich denke daran, wie ich einst mit Juliana auf dem Weg zum Mackenzie River den großen Sklavensee in den kanadischen Northwest Territories überquert hatte. Die Bilder dieser Nacht sind ähnlich. Nur damals hatten wir in der leuchtend roten Nacht gesungen, wie es früher die *Voyageurs* taten, die fröhlichen Kanumänner im Auftrag der großen Pelzhandelsgesellschaften. Aber zu zweit singt es sich leichter als allein.

Welche Intensität der Farben! Im Norden das kaum verlöschende Rot der aufziehenden Mittsommernacht, auf der anderen Seite strahlt der Mond. Genau in dieses Rot, das wie ein Glühen des Horizonts wirkt, paddele ich hinein. Als Ruf der Wildnis begleitet mich dabei das Trompeten der Wildgänse, der gleiche Laut, der mich wieder in den Norden gelockt hatte. Der Yukon erscheint mir, als ich mich umdrehe, wie ein riesiger, endloser See. Nach insgesamt zwölf Stunden Paddelei lege ich an. Doch müde bin ich nicht, die Stimmung der Nacht ist zu inspirierend, um schlafen zu können. Ich hole den Briefblock aus dem Kajak und füge meinem Brief an Juliana einige Zeilen hinzu.

Es erscheint mir, als würden die meisten Briefe an dich des Nachts entstehen. Aber was heißt schon Nacht. Die Zeit im 24-Stunden-Rhythmus kannst du getrost vergessen. Meine Uhr habe ich längst weggesteckt und hole sie nur heraus, um Momente, wie hier im Brief, zu dokumentieren. Ansonsten spielt die Zeit keine Rolle. Sieh nur jetzt, es ist kurz nach vier Uhr morgens, aber die Sonne scheint bereits. Fast so, als hätte sie einen

Nachholbedarf nach den finsteren Tagen des Winters, in denen sie während der viele Wochen andauernden Polarnacht nicht einmal den Horizont berührte. Vielleicht weil es ihr darüber zu kalt war?! Vergiss nicht, Minustemperaturen von 40 °C und mehr sind hier keine Seltenheit; das ist etwas, was man sich in den wenigen Wochen des explosiven Nordlandsommers nicht vorstellen kann.

Zehn Meter von mir entfernt zieht ein Biber seine Bahn im Wasser, gelegentlich schlägt er klatschend mit dem Schwanz auf die spiegelglatte Oberfläche. Vögel tirilieren. Vor mir knistert das Lagerfeuer, und daneben steht mein Pott mit Tee. Diese Landschaft mit ihren vielen kleinen Inseln erinnert mich auch an das große Seengebiet des Churchill River. Eine reizvolle Landschaft, in der Hunderte kleiner grüner Inseln die strenge Form des Stromes auflockern.

Ich denke, ich werde gleich meine Matte und den Schlafsack auf dem Boden ausrollen. Dafür sollte noch Platz sein zwischen den von scharfen Biberzähnen abgenagten Baumstümpfen.

Ich höre das nichts Gutes verheißende Kriegsgeheul der Moskitos. Kaum wird's warm, sind die Plagegeister da! Zum Glück sind es noch wenige, und ich hoffe, dass sie mich beim Schlafen zufrieden lassen. Durch das Labyrinth der Yukon Flats bin ich bisher gut durchgekommen. Wenn ich darüber nachdenke, wie lange ich heute gepaddelt bin, gehe ich davon aus, dass ich morgen oder übermorgen Fort Yukon erreichen werde. Ich komme viel schneller voran als geplant. Nur muss ich darauf achten, mich immer am rechten Ufer zu halten, damit ich in diesem Wasser-Eldorado nicht Fort Yukon verpasse. Schließlich erwarte ich dort Post von dir.

Am Polarkreis

Dass Circle so heißt, ist ein Missgeschick derer, die es nicht besser wussten. Die Ortsgründer wähnten den Fleck am Polarkreis, am *Arctic Circle*, und nannten die Siedlung, mit einer in Nordamerika nicht seltenen Vorliebe für Wortverstümmelungen, *Circle*. Der Ort liegt im Osten des Yukon-Charley River-Schutzgebietes, das hinter mir zurückbleibt. Mit etwas Glück sollte ich bald den richtigen Polarkreis erreichen. Er zieht sich mitten durch Fort Yukon.

Circle befindet sich am Westufer des Yukon River und war einst neben Fortymile die größte Niederlassung am Fluss. Und wie sollte es in Alaska auch anders sein, spielte bei der Gründung Circles ab 1893 Gold die Hauptrolle. Das Besondere an diesem 400-Einwohner-Ort aber war, dass er über ein Opernhaus verfügte. Zudem ging es erstaunlich friedlich zu, und dafür sorgten die Goldsucher selbst. Von Fall zu Fall traten sie zusammen, um zu beraten und Recht zu sprechen. Was gelegentlich zu Urteilen führte, bei denen König Salomon nur mit den Ohren gewackelt hätte.

Circle besaß kein öffentliches Gebäude, also traf man sich zu den Gerichtssitzungen in der Kneipe. Eines Tages sollte über einen Fall verhandelt werden, bei dem es um Alkoholschmuggel ging. Da einem Salomonischen Urteil auch eine Beweisaufnahme vorangeht, wollte sich die Versammlung der Goldsucher natürlich davon überzeugen, ob die gefundene Flüssigkeit auch tatsächlich Whisky sei. Also schaffte man das Beweismaterial heran. Die Männer öffneten die Flaschen, schnupperten, nippten, nippten noch einmal und setzten daraufhin richtig an. Was blieb ihnen anderes übrig, als das Verfahren danach wegen Mangels an Beweisen einzustellen: Die Flaschen waren ja leer!

Storys wie diese, heute schwungvoll wie Anekdoten à la »Feuerzangenbowle« erzählt, lenken ein wenig von den Alltagsproblemen und Entbehrungen ab, davon, dass das Leben im Busch eine ständige Improvisation war und auch heute noch ist. Eines der eindrucksvollsten Bilder, an das ich in diesem Zusammenhang denke, ist ein altes Foto, auf dem sechs weiße Ziegen zwei schwer bepackte Schlitten von Goldsuchern über das verschneite Gebirge ziehen. Kam dann die Masse Männer endlich nach mühsamem Marsch zu den ersehnten Plätzen, mussten die meisten feststellen, dass die besten *Claims* vergeben waren, oder das Gerücht vom Gold sich mit den Morgennebeln über dem Yukon aufgelöst hatte. Ein Drama ohne Ende. Viele waren völlig mittellos. Sie hatten darauf gebaut, das gepriesene Gold zwischen dem Kies der *Creeks* hervorklauben zu können wie Äpfel von den Zweigen eines Baumes. Jetzt kam die Ernüchterung.

So zogen sie weiter, dem nächsten Hoffnungsschimmer entgegen. Es gab genug davon in Alaska; die meisten Ortsgründungen, von der Hauptstadt Juneau bis zu der von Fairbanks, hängen mit dem Gold zusammen.

Vor allem um die Versorgung der Menschen war es im Winter und abseits der befahrbaren Flüsse schlecht bestellt. Fleisch war zwar in der Regel durch die Jagd zu beschaffen. Und Hütten bauten sie aus Baumstämmen. Die übrigen Vorräte jedoch konnten nur sehr sporadisch aufgefüllt werden. Wie auch heute noch Mehl in den Packtaschen eines Flussreisenden zu finden ist, so auch bei den Oldtimern. Sie mussten ja ihr Brot selbst backen. Backhefe zu bekommen, aber war schwer. Also setzten sie Sauerteig (*Sourdough*) an. Später war dieser unter den wenigen Habseligkeiten eines jeden Abenteurers nicht wegzudenken. So wurde er letztlich zum Synonym für die Glücksritter selbst: *Sourdoughs* ist die Bezeichnung für die Männer der ersten und zweiten Stunde Alaskas. Der Name hat überlebt ebenso wie der Teig selbst.

Als ich nach einer kurzen Nacht in den Yukon Flats erwache, brennt die Sonne bereits vom blauen Himmel herab. Zwei Stunden später sitze ich endlich im Faltboot. Auf dem Fluss versuche ich mich rechts, das heißt auf der östlichen Flussseite, zu halten, um Fort Yukon nicht zu verpassen. Trotzdem komme ich gelegentlich zu weit in die Mitte. Nicht zu wissen, wo genau ich auf

Die Yukon Flats in atemberaubender Landschaft

dem vier bis fünf Kilometer breiten Strom bin, macht mich kribbelig. Zweimal berühre ich mit dem Paddel Grund, obwohl weit und breit kein Land zu sehen ist. Eine Sandbank also! So sehr mich auch ein Besuch Circles gereizt hätte, den Ort sehe ich in diesem Wasserpuzzle nicht einmal aus der Ferne. Als ich nachmittags auf dem Fluss treibend mein Tagebuch aufarbeite, notiere ich wörtlich: »Ohne jedes Wissen, wo ich bin, und mit dem Wissen, dass niemand weiß, dass ich hier bin, fühle ich mich ein wenig verloren.«

In der Hoffnung, Fort Yukon rechtzeitig zu entdecken, suchen meine Augen immer wieder das rechte Flussufer ab. War da etwas? Ich paddele schneller. Mir kam es vor, als hätte etwas silberig geglänzt. Gut hundert Paddelschläge später erkenne ich es ganz deutlich: zwei große Radarschirme. Fort Yukon! Ich halte mich jetzt extrem rechts, denn ich bin mehr als einen Kilometer vom Ufer entfernt gewesen. Plötzlich liegt das Dröhnen eines schweren Motors in der Luft. Hinter einer Insel kommt ein Motorboot mit zwei Indianern zum Vorschein. Ich winke. Die Männer halten.

»Ist das Fort Yukon?«

Sie nicken. Dann geben sie Gas, so dass sich das schwere Boot vorn aufbäumt, und ihre Bugwelle über mein Kajak schwappt.

Kurz danach sehe ich am Ufer das große Hinweisschild ARCTIC CIRCLE. Ich habe den Polarkreis erreicht. Auf einer unbefestigten Straße bummle ich durch die kleine Siedlung. Mein erster Eindruck: viel Gerümpel und noch mehr Abfälle; Plastikbeutel, Tüten, Dosen über Dosen. Weiße sehe ich überhaupt nicht, nur Indianer. Ich frage einige Frauen, wo der Lebensmittelladen sei und ob ich mit meinem Boot bis dorthin käme. Sie sehen sich fragend an.

Im Indianerdorf am Yukon

»Der Laden ist noch einige Meilen von hier entfernt.« Eine andere deutet in Richtung des Waldes.

»Kann ich mit dem Boot dorthin paddeln?«

»Da musst du die Männer fragen.«

Zwei junge Burschen auf Geländemotorrädern und mit Miller-Bierdosen in der Hand beschreiben mir den Weg: »Das hier ist das *Indian Village*; das Ortszentrum, wo Post und Supermarkt sind, ist oberhalb. Bei uns gibt es nur den Schnapsladen.«

Er lacht. Noch ein paar kräftige Schlücke aus den Bierdosen und sie knattern davon. Vor einem Haus am Ufer sitzen vier Indianer beim Grillen.

»Hallo, wo soll's denn langgehen?«

»Zum Beringmeer!« sage ich.

»Was, mit dieser Nussschale? Na dann … *good luck*!«

Fort Yukon an einem normalen Samstagabend ist nicht lebendiger als andere Orte um diese Zeit. Ich habe Glück, dass der kleine Supermarkt noch offen ist, nur die Post hat schon geschlossen. Also noch keine Briefe. Eineinhalb Tage muss ich jetzt hier herumhängen.

»Hallo!« Zwei Indianermädchen bleiben neben mir stehen, knapp zwanzig Jahre alt, schätze ich sie. Sie setzen sich mir gegenüber, offenbar suchen sie Gesellschaft.

»Heute Abend ist Disco auf dem Gelände der *Air Force Base*. Hast du Lust mitzukommen? Bier gibt's zum halben Preis.«

Die andere: »*Then all Indians are getting drunk.*« (Alle Indianer sind danach besoffen.)

Während sie locker darüber plaudert, als sei der Suff die selbstverständlichste Sache der Welt, zerquetscht sie am Arm pralle Moskitos.

Ich bin nicht mitgegangen. Nach der äußeren und inneren Ruhe auf dem Fluss wären lärmende, trinkende, streitende Indianer das Letzte, was ich mir wünschen würde. Es geht auf Mitternacht zu, als ich zum Boot zurückkehre. Am Wasser empfängt mich erstmals auf diesem Alleingang eine Moskitoinvasion. Meine Schonzeit ist also vorbei. Diese Viecher, über die schon die *Voyageurs* genauso fluchten wie die *Boys* am Klondike, zeigen mir an diesem Abend, wer die Herren der nördlichen Wildnis sind.

In Rekordzeit baue ich mein Zelt auf. Dann ein Kopfsprung hinein. Und blitzschnell ziehe ich den Reißverschluss zu.

Schlittenhunde heulen, dann und wann höre ich laute Rufe, und Schüsse krachen durch die Nacht. Mehr als einmal werde ich wach. So laut die Nacht auch war, so ruhig ist der nächste Vormittag. Fort Yukon liegt in tiefstem Schlummer. Ich habe gut sechs Stunden geschlafen, soviel wie sonst auch, fühle mich aber schlapp. Meine geschwollenen Hände sind gefühllos geworden. Vielleicht ist es doch gut, wenn mein Körper einen Ruhetag bekommt.

Es ist sonnig und windstill. Ich wasche und bessere Wäsche aus, schreibe Briefe, trockne meine noch immer nassen Gummistiefel und arbeite mein während der letzten Tage vernachlässigtes Tagebuch auf. Mit der Wärme des Nachmittags stellen sich prompt die Moskitos wieder ein. Ich backe *Hot Cakes*, Pfannkuchen ähnliche Fladen, in der Bratpfanne auf offenem Feuer. Wobei ich über den Versuch nicht hinauskomme. Aber da ein Globetrotter so schnell nichts wegwirft, würge ich das klumpige und klitschige Ergebnis irgendwie hinunter.

Zögerlich beginnt 500 Meter von mir entfernt in Fort Yukon das Leben. Auch während des Rests des Tages dringt das Knallen von Schüssen zu mir hinüber. Gegen Abend meine ich, es wegen

Mein Camp am Yukon

der aggressiven Moskitos nicht mehr aushalten zu können. Ich liebe zwar den Norden, aber diese Geißel der Wildnis scheint der Herrgott auf die Erde geschickt zu haben, um meine Liebe auf eine harte Probe zu stellen. Es gehört Nervenstärke dazu, sie zu bestehen. Erst als ich die zweite Dosis Muscol, ein wirksames Moskitoschutzmittel, auf meine Haut gerieben habe, wird es erträglich.

Ich lege mich auf den kiesigen Untergrund, blinzele in den Himmel und bin recht zufrieden damit, dass ich einen Tag Ruhepause einlegen musste. Trotzdem hoffe ich, es geht morgen weiter. Ob Julianas Brief wohl da ist?

Die Falle im Labyrinth

Hundegeheul schreckt mich auch in dieser Nacht auf. Als ich aus dem Zelt blinzele, sehe ich die Konturen der Häuser Fort Yukons, die sich scharf gegen den roten Nachthimmel abheben. Ein schönes Bild, wenn nur nicht das permanente Jaulen und Bellen wäre! Vermutlich muss man lange genug hier leben, um es nicht mehr zu hören.

Morgens bin ich einer der Ersten im Ort. Gespannt gehe ich zur Post. Betrübt komme ich zurück. Nichts für mich. Dabei hatte Juliana mir bei unserem Dawson-Telefonat gesagt, ein langer Brief sei unterwegs.

»Komm heute Mittag wieder. Gegen elf Uhr ist das Postflugzeug hier«, hatte mir der Postmeister gesagt. Ich warte. Was aber, wenn der Brief dann immer noch nicht da ist? Noch einige Tage hier bleiben, mich weiterhin von Moskitos aussaugen lassen, wieder die Nächte wegen Hundegeheuls nicht recht schlafen?

Ich gehe in den Ort, der 1841 von einem Händler der Hudson Bay Company gegründet worden war. Dass dies alles damals russisches Hoheitsgebiet war, wussten die Pelzhändler von der kanadischen Seite vermutlich nicht. Falls doch, mögen sie sich gesagt haben: »Der Zar ist weit, es lebe der Zar! Niemand wird uns hier fortjagen.« Ihre Pelzausbeute war gut. Doch allzu lange sollten sich die Hudson Bay-Leute nicht daran erfreuen können.

Nachdem die USA im Jahr 1867 Alaska von Russland erworben hatten, wurde bald schon die amerikanische Flagge über Fort Yukon gehisst. Die Leute der Gesellschaft der Abenteurer, wie sie sich selber nannten, mussten abziehen. Allzu weit war es ja nicht bis zum kanadischen Hoheitsgebiet: ein Stück den Porcupine River hoch, dann durchs Gebirge über den Bell und den Rat zum Mackenzie River.

Heute hat Fort Yukon als Handelsposten weniger Bedeutung denn als Militärbasis. An einigen arg verbeult wirkenden Häusern komme ich vorbei. An der Rückseite des einen ist ein Schwarzbärenfell zum Trocknen aufgehängt, die Löcher im Holz der Hütte sind mit Blechplatten zugenagelt. Daneben sitzt auf einem leeren Benzinfass ein Mann, Halbindianer vermute ich.

»Hallo.«

Er grüßt zurück. Ob er den Bären selbst geschossen habe, frage ich. Er bejaht und deutet mit einer Handbewegung an, mich zu setzen. Ich erfahre an diesem Vormittag von Larry, dem Nachfahren eines *Sourdough* und einer Indianerin, wie die Bedingungen sind, in den exklusiven Club der handverlesenen Alaskaner aufgenommen zu werden. Larry reißt eine Bierdose auf. Er nimmt einen kräftigen Schluck:

»Also, das ist so. Zunächst musst du eine Flasche Whisky austrinken, in einem Zug, ohne abzusetzen!« Er leckt sich dabei die Lippen. »Dann wird's schwierig. Nach altem Brauch müsstest du jetzt das Herz eines Eskimogirls gewinnen. Hast du das geschafft, brauchst du nur noch einen Grizzly zu fangen, mit dem Lasso zu binden und vor den Rat der *Sourdoughs* zu schleppen.« Er blinzelt zu mir rüber. »Nun …, eines Tages hatten wir da ein *Greenhorn* aus dem Süden. Der Bursche soff die Flasche Whisky aus, als wär's Wasser. Dann verschwand er im Busch. Nach mehreren Stunden kam er zurück, sein Hemd zerrissen, die Hose nur noch in Fetzen. Fragend sah er in die Runde: »Wo ist das Eskimomädchen, das ich mit dem Lasso fangen soll?««

Er schien gut aufgelegt. Vermutlich hätte er noch weitere verrückte Storys zum Besten gegeben, wäre nicht ein kleines Flugzeug über uns hinweggeflogen. Kurz danach höre ich die typischen Landegeräusche.

»Das Postflugzeug.«

»Falls dein Brief noch nicht da ist, komm zurück. Ich kenne da noch ein paar Geschichten. Und kaltes Bier hab' ich auch noch da!«

Dazu kommt es nicht. Meine Briefe sind da! Um meine Freude in diesem Moment nachzuempfinden, muss man wohl selbst einmal allein und weitab von allem Vertrauten gewesen sein. Von den Klondike-Männern ist überliefert, dass sie, die willig die von den *Mounties* aufgestellte Ordnung und Einschränkung akzeptierten, auf die Barrikaden gingen, als ihre Post Dawson City nur mit wochenlanger Verzögerung erreichte. Kurzerhand setzte Polizeichef Steele seine *Mounties* als Postkuriere ein. Die Briefe kamen, Ruhe und Ordnung waren wiederhergestellt. Nachdem ich meine Flaschen an der öffentlichen Wasserstelle gefüllt habe, paddele ich eilig zu meiner Insel. Ja, wie Juliana schrieb, eine Pfeife reichte für die Lektüre nicht aus. Achtundzwanzig eng beschriebene Seiten ist der Brief lang.

Vergleicht man auf der Karte den Porcupine River mit dem Yukon, so fällt auf, dass der Erstgenannte ein eher schmaler Fluss ist, verglichen mit dem Hauptstrom Alaskas. Und doch hatte man mich vor ihm gewarnt. Der Porcupine, der Stachelschwein-Fluss, führe zur Zeit extrem viel Wasser und die Turbulenzen unterhalb von Fort Yukon seien jetzt während der Schneeschmelze so stark, dass selbst große Motorboote in den Strudeln kentern würden.

»Pass mit deinem Kajak auf!«, hatte mir ein Indianer noch hinterhergerufen.

Ich bin lange genug im Norden auf Flüssen und Seen unterwegs, um solche Tipps nicht beiseite zu schieben. Als ich Fort Yukon verlasse, habe ich meine Flusskarte, geschützt durch eine Plastikhülle, auf dem Schoß. Doch so sehr ich mir Mühe gebe, meinen Aufenthaltsort darauf zu erkennen, es gelingt mir nicht, und ich gebe es bald auf. Die Karte ist zu dieser Jahreszeit einfach unbrauchbar. Dort verzeichnete Inseln, Sandbänke und Niederungen sind durch das Hochwasser zu einem einzigen durchgehenden See geworden.

Es ist windstill, die Sonne scheint kaum noch. Der Himmel liegt verborgen hinter einer weißgrauen Wolkendecke. Ruhig ist es. Selten, dass ich in der Ferne das aufgeregte Heulen eines Motorboots vernehme. Nur der Yukon ist in Bewegung – auch im Inneren, so, als hätte jemand unten ein Feuer entfacht und brächte das Wasser zum Brodeln. Ständig zerplatzen Wasserblasen und große blubbernde Kreise bleiben auf der Oberfläche zurück. Dann wieder rauscht es, als würden sich über Felsen Stromschnellen brechen. Mir kommt es vor, als sei der Fluss in innerer Erregung, als hätte er Mühe, sich seinem vorgegebenen Bett anzupassen.

Später Abend, es nieselt. Der feine Sprühregen macht die Luft schwer. Die Stimmung auf dem gut 300 Meter breiten Seitenkanal des Yukon, auf dem ich paddele, scheint mir gespenstisch. Meine Geschwindigkeit ist enorm hoch, und die starke Strömung lässt mich Rekordzeiten paddeln.

1.22 Uhr morgens: Mein Yukon-Nebenarm nähert sich dem vier Kilometer breiten Hauptstrom, der durch den von Norden eingeflossenen Chandalar River noch turbulenter, wilder und unberechenbarer geworden ist. Da! Vor mir, vielleicht zwanzig

Meter noch, sehe ich zwei Löcher im Wasser! Rasend schnell drehen sie sich. Glotzen mich wie tote Augen an. Und mein Kajak *Arctic Loon* schießt genau auf sie zu; ein riesiger, kreiselnder Sog bringt Äste und Baumstämme zum Küseln, einige verschwinden in der Tiefe. Mir bleibt keine Zeit zum Nachdenken.

Das, wofür der Erzähler Minuten braucht, spielt sich in Sekunden ab. Die Löcher haben einen Durchmesser von zwei Metern. Ihre Tiefe: gut ein Meter, unten spitz zulaufend. Wenn ich in diese Wasserkreisel gerate und Glück habe, drehe ich mich wie ein Kreisel auf der Stelle. Wenn ich Pech habe, dann wird mich der Sog samt Kajak nach unten reißen. Die Gedanken rasen mir durchs Hirn. Ich stoße mein Paddel ins braune Wasser, als wollte ich den Fluss zerteilen. Nochmal und noch einmal. Bis auf acht Meter habe ich mich dem ersten Loch genähert.

Jahrelang habe ich Leistungssport betrieben. Die letzten Sommer hatte ich paddelnd im Kanu zugebracht. Entsprechend hart sind meine Muskeln, und ich habe kein Gramm Fett zu viel. Ob mir das jetzt etwas nützt? Ich ramme das Paddel erneut ins Wasser wie ein Ritter der Fabelwelt seine Lanze in den Rachen eines gierigen Drachens.

Nur drei Meter vom ersten Sog entfernt gelingt es mir, den Bann zu brechen. Ich komme an ihm vorbei. Geschafft! Der zweite kann mir nicht mehr gefährlich werden.

Ich lehne mich zurück. Mir ist heiß. Von der Erregung und vom Paddeln. Einen Moment lang ist mir übel. Feiner Regenhauch legt sich jetzt auf mein Gesicht und kühlt. Wie gut das tut!

Zehn Minuten später stoppe ich an einer Insel mit kleiner Blockhütte. Meine zunächst große Überraschung schlägt schnell in Befremden um, als ich ein an einem Baum befestigtes Schild sehe: NO TRESPASSING. Kein Durchgang. Auf solche Schilder zu stoßen, ist im Nordlandbusch ungewöhnlich. Lebt hier ein komischer Kauz, oder ist jemand einer neuen Goldbonanza auf der Spur?

Lange nach vier Uhr morgens erreiche ich Beaver, einen kleinen Ort mit nur fünfundzwanzig Einwohnern. Vor der kleinen, hölzernen Presbyterianer Kirche schlage ich mein Zelt auf. Was für ein Tag liegt hinter mir! Wenn ich an den teuflischen Sog im Wasser denke, kommt es mir vor, als hätte ich nie zuvor so haarscharf auf Messers Schneide gestanden. Etwa um die Zeit, als die ersten Stimmen im Ort laut werden, bin ich innerlich ruhig und müde genug, um einzuschlafen.

Beaver wurde nach dem begehrten Pelztier des Nordens benannt. Es waren ein chinesischer Goldsucher und seine Inuit-Frau, die den Ort gründeten.

Nach kurzem Schlaf werde ich durch zartes Jaulen geweckt. Vorsichtig schiebe ich den Kopf aus dem Zelt. Einen halben Meter von mir entfernt liegt ein kleiner blauäugiger Husky wohlig ausgestreckt auf dem Rücken und lässt sich von Mama den Bauch lecken.

Während ich mein Zelt abbaue, kommt ein Mann auf mich zu. Er bittet mich, meinen Namen im *Town Office*, dem Bürgermeisteramt, zu hinterlassen. Okay, wenn's denn sein muss. Ich marschiere los. Es ist gerade Meeting dort, Dorfversammlung. Sechzehn Personen sitzen in einem großen Saal und diskutieren in einer Sprache, die ich nicht verstehe. Nachdem ich Name und Anschrift in das offizielle Gästebuch eingetragen habe, gehe ich zum einzigen Laden, der gleichzeitig *United States Post Office* ist. Über dem Postschild hängt eine handgeschriebene Tafel: INUIT COOP – BEAVER/ALASKA, SEVEN MILES OUT OF THE ARCTIC CIRCLE.

Es ist das erste Mal auf dieser Tour, dass ich mit Inuit, wie sie sich selbst bezeichnen, zusammenkomme. Wenn der Name Eskimo für sie auch noch immer gebräuchlich ist, so mögen sie selbst jedoch die Bezeichnung überhaupt nicht. Handelt es sich doch um ein Schimpfwort der Indianer, das Rohfleischesser bedeutet.

Beaver gefällt mir; es ist ein ruhiger und für den Norden erstaunlich sauberer Ort. Fast alle Häuser sind im Blockhausstil gebaut, zwischen ihnen stehen Vorratshütten auf Stelzen. Damit Meister Petz, der bekanntlich ein flotter Kletterer ist, keine Elchsteaks für den Winter klaut, hat man die Pfosten mit Blech ummäntelt.

Als ich aufbreche, ist der Himmel stark bewölkt. Gegen Wind und sich aufbauende Wellen anzupaddeln, ist heute ein hartes Stück Arbeit, und es kommt mir vor, als hätte die Yukon-Strömung sehr nachgelassen. Der Himmel wird noch finsterer als zuvor.

Der Yukon fließt von Beaver nach Südwesten. Den Breitengrad, den er bei Fort Yukon mit dem Polarkreis erklommen hat, wird er bis zum Beringmeer nicht wieder erreichen. Aber warum nur muss er ständig in Serpentinen fließen? Eben ging es noch sieben Kilometer nach Südosten, dann kam ein Knick und parallel fließt er nun wieder fünf Kilometer zurück nach Nordwesten. Ich habe das Gefühl, auf der Stelle zu treten. Versehentlich gerate ich nach sieben Stunden Paddelei in einen der viele Kilometer langen als *slough* bezeichneten Nebenkanäle. Die Strömung ist hier weitaus geringer als auf dem Hauptstrom, doch die lautstarke Präsenz der Vogelwelt entschädigt mich für die Mehrarbeit.

Ich habe mein Boot seit Stunden nicht verlassen und halte Ausschau nach einem Platz zum Anlanden. Aber wo? Die Ufer sind unterspült. Dort hochzuklettern, wäre ein Balanceakt. So paddele ich weiter, lasse mich zwischendurch treiben und paddele erneut. Die Laute der Tiere geben der Einsamkeit etwas Paradiesisches, das nur gelegentlich grell unterbrochen wird, wenn unterspülte Uferpartien samt Bäumen abbrechen und donnernd ins Wasser stürzen.

Für knapp zwei Stunden taucht die Sonne unter den Horizont. Dann begrüßt sie mich aufs Neue. Und noch immer sitze ich im Boot.

Ein altes Lied von Country-Sänger Willie Nelson kommt mir in Erinnerung: *Good morning America, how are you*. Ich beginne zu singen. Ob sich wohl jemand in der Enge New Yorks, an einer lärmenden *Avenue* vorstellen kann, welch immense Reserven sein Land hat? Sein Land, das von der Freiheitsstatue am Atlantik bis ans Ende der entgegengesetzten Seite des Kontinents und damit fast an Sibirien grenzt. Noch vor gut hundert Jahren hatte es böse Stimmen gegeben über dieses ungeliebte nördliche Anhängsel mit Namen Alaska. Nur wenigen Prospektoren war es gut genug, ihr Glück dort zu versuchen. Damals war es eine Weltreise gewesen, hierher zu kommen. Heute ist das Innere Alaskas selbst vom entlegensten Dorf Mitteleuropas innerhalb von sechsunddreißig Stunden zu erreichen. Was Jack London wohl heute dazu sagen würde.

Briefe aus der Einsamkeit

Auf dem Yukon River,
nachmittags im Boot

Ich musste schmunzeln, als ich mich selbst eben fragte, ob das nicht ein Verfall der guten Paddelsitten ist: Eigentlich hatte ich mir nämlich ein Pfeifchen zu schmauchen und überhaupt eine kleine Pause erst für heute Abend bewilligt. Doch plötzlich ist es still geworden auf dem Fluss. Schon während des Paddelns hatte ich mir viele Dinge notiert, von denen ich dir berichten wollte. Ereignisse, kleine und große, Begegnungen mit Tieren, die Stimmung und die Monumentalität dieser Landschaft, alles schwirrt mir im Kopf herum, so dass ich nun einfach zum Stift greifen muss.

Ein kleiner Punkt nur bin ich in der Einsamkeit Alaskas. Langsam, fast unmerklich treibe ich dahin. Rechts und links des Stroms liegen Hügel, unspektakulär, selten höher als vierhundert, fünfhundert Meter, darauf dichte, undurchdringliche Wälder so weit das Auge reicht. Manchmal verharre ich beim Paddeln. Meine Gesäßknochen tun arg weh, und ich muss mich nach hinten lehnen, um mein »Gebälk« zu entspannen. Mein Körper ist durch die ungewohnt starre Haltung im Boot steif geworden. Doch meine Arme haben sich dem veränderten Paddel- und Lebensrhythmus prächtig angepasst: Dieses Leben hier ist mein Leben! Und doch wäre das Erlebnis gemeinsam mit dir sicherlich noch viel intensiver.

Vielleicht sollte ich stoppen und an Land gehen, um mir die Beine zu vertreten. Ich sitze nun schon seit genau sechseinhalb Stunden im Boot. Doch an Land kriegst du hier im wahrsten Sinne des Wortes kein Bein auf den Boden. Alles ist schlammig, lehmig und überschwemmt. Die hohen Ufer sind unterspült, und es ist zu gefährlich, sie zu betreten.

Nach dem Ende der Yukon Flats wird der Fluss sicherlich wieder schmaler. Und dann irgendwann kommen die Ramparts.

Vielleicht nehme ich die Stromschnellen trotz des Hochwassers nicht einmal wahr, oder aber das hohe Wasser schießt über die Felsen hinweg, so dass ich allenfalls ein leichtes Rütteln des Bootes spüre, dort, wo beim spätsommerlichen Niedrigwasser aus dem Wasser ragende scharfkantige Felsen für Turbulenzen sorgen.

Dies ist einer der wenigen Momente heute, wo die Sonne scheint. Aber schon bauen sich wieder dicke, pralle Wolkengebirge am Himmel auf.

Gerade eben kracht es ohrenbetäubend. Eine mächtige Uferbank mitsamt ihres Baumbestands ist vom Land abgebrochen und ins Wasser hinabgestürzt. Ein Sound, *der mir wie die Begleitmusik für mein frühsommerliches Abenteuers erscheint. Und jetzt höre ich ein anderes Geräusch, dass die Stille durchbricht. Es ist nichts Weltbewegendes, nur ein Flugzeug, das unsichtbar oben am Himmel seine Bahnen zieht. Das Heulen der Triebwerke nimmt man hier nur so laut wie den Flügelschlag eines Vogels wahr. Nur dann und wann lässt die Sonne den silbernen Flugzeugkörper ein wenig blitzen. Zuweilen stelle ich mir vor, dass ich, wenn ich wollte, in wenigen Tagen mit dem Flugzeug zu dir ans andere Ende der Welt eilen könnte. Aber noch viel schöner wäre für mich die Gemeinsamkeit mit dir hier auf dem Yukon.*

Unzählige Vögel tirilieren in die Windstille hinein, als nutzten sie diesen Moment, um sich Gehör zu verschaffen. Der Ruf einer Wildgans hallt echohaft wie ein triumphierender Trompetenstoß über den Fluss. Mein Boot dreht sich ganz leicht. Dunkle Wolken und die aufgelockerten hellen Partien des Himmels spiegeln sich im Fluss…

Wie dicht doch die Extreme hier beieinander liegen. Eben empfand ich noch Wärme, doch kurz darauf ging ein eisiger Windhauch über mich hinweg. Ich musste mich im Boot zusammenkauern, um den kalten Fingern des Windes möglichst wenig Angriffsfläche zu bieten. Ich friere und sollte anhalten und mir ein warmes Essen zubereiten. Als Nachtmahl gab es gestern kalte Bohnen und Reis. Um heute früh zügig loszukommen, hatte ich mein Frühstücksritual abgekürzt: Es gab Reis und Bohnen. Nun rate einmal was es heute zu Mittag gibt...!

6.45 Uhr morgens

...dies sind die wahren Höhepunkte im Alltagsleben eines Flussreisenden: Vor mir braten zwei dicke Scheiben Schinken in der Pfanne, dazu gibt es Knoblauch und Zwiebeln. Und natürlich einen Pott Kaffee.

Du wirst dieses Szenario besser verstehen, wenn ich dir verrate, dass ich die ganze Nacht hindurch gepaddelt bin. Dieses Frühstück ist nun meine Belohnung.

Welch gewaltige Entfernungen! Im Grunde genommen ist der Fluss in der Realität zwei- bis dreimal so lang wie auf der Karte vermerkt. Ständig verordnet er mir einen Zick-Zack-Kurs in die unterschiedlichen Himmelsrichtungen.

Doch lass mich berichten, wie es gestern weiter ging. Um etwa drei Uhr nachts wurde es wieder windstill. Um 3.30 Uhr ging bereits die Sonne auf. Diese Stunde zwischen der roten Morgendämmerung und der kalt gleißenden Helligkeit des Tages erscheint mir immer als eine unwirkliche Zeit.

Ich beobachte das Leben im sommerlichen Alaska und empfinde stark seine schnellere Gangart. Alles ist so ungeheuer vital. Die ersten Pflanzen brechen mit Vehemenz aus dem Boden. Selbst tote Gräser scheinen zu erblühen, und ich selbst fühle mich, als könnte ich Bäume ausreißen. Wie sonst wäre es zu erklären, dass ich kaum das Bedürfnis nach Schlaf habe, trotz meines Einsatzes rund um die Uhr.

Mir scheint allerdings, als sei der Fluss langsamer geworden, auch wenn er an manchen Stellen geradezu unheimlich zu kochen scheint: Er wirft Blasen auf, zieht Ringe, blubbert und verpasst dem Boot mehr oder weniger starke Schläge.

Die Landschaft zeigt sich wieder abwechslungsreicher. Hügel und geduckte Berge sind Blickfänger, und weit in der Ferne mache ich schneebedeckte Gebirgsketten aus.

… gerade eben musste ich schmunzeln. Mit welcher Akribie ich dir doch mein Leben, meine Eindrücke beschreibe, mit dir über die halbe Welt hinweg plaudere.

Das Licht der Morgensonne bricht sich jetzt in den Zweigen, die meinem Zelt etwas Windschutz vor der offenen Flanke des Kilometer breiten Yukon bieten. Der Himmel ist leicht milchiggrau getönt; dort wo die Sonne versucht durchzubrechen, mache ich einen glänzenden weißen Fleck in der Wolkenwand aus. Von unten sendet der Fluss seine vertrauten Laute; es ist ein Blubbern und Spritzen zu vernehmen, mal schmatzt er, dann schlürft und gluckst er. Es ist als hielte er Zwiesprache mit mir.

Stunden später

… gerade eben hat die Uhr Mitternacht geschlagen. Die mich begleitenden Landschaftsbilder haben sich verändert. Schmal ist der Fluss geworden, an dieser Stelle misst er nicht mehr als vielleicht fünfhundert, allenfalls sechshundert Meter.

Mein Lebensrhythmus ist auf den Kopf gestellt. Heute Morgen gegen 7.30 Uhr war ich in den Schlafsack gekrochen, um ein Uhr mittags war ich bereits wieder auf den Beinen. Ich habe mich gereckt, mir den Wind ins Gesicht blasen lassen, ein paar Fotos gemacht und Bannocks *(Brote) zum Mitnehmen über der Glut des Lagerfeuers gebacken. Dann erledigte ich noch ein paar hausfrauliche Jobs wie Nähen, denn ich hatte mir gestern den*

Knopf am Ärmel der Regenjacke abgerissen. Ich justierte die Fußlenkung im Boot und machte das Ruder gängig.

Ein merkwürdig bleiches Licht, dessen Spektrum sich zwischen grau und stahlblau bewegt, überzieht das Land. Der Loon, unser Symbolvogel des Nordens, lacht gerade. Der Wind trägt das Vibrieren seiner Stimme zu mir herüber, und abermals denke ich, dass so der Ruf der Wildnis klingen muss.

Am Tag darauf, 5.30 Uhr morgens

Ein mächtiger Baumstamm zieht im Wasser an mir vorbei. Überhaupt schwimmt viel Treibholz im Wasser – gefährlich viel Treibholz gerade für einen Kanuten oder Kajakfahrer. Doch zum Glück sind die Eisblöcke, auch die am Ufer, inzwischen verschwunden. Ich kuschele mich dicht ans Feuer. Die eine Körperseite ist wie geröstet, die andere empfindlich kalt. Laut und hallend tirilieren Vögel im Wald.

Vorhin am Lagerfeuer musste ich an dich denken, an die Welten, die uns sowohl räumlich wie auch in unserem momentanen Lebensrhythmus voneinander trennen. Da sind deine sicher blitzsauberen Finger. Wie meine aussehen, kannst du dir denken. Du hast leckeres Essen auf sauberen Tellern. Vielleicht steht da die eine oder andere Flasche Rotwein. Hier knausere ich mit den begrenzt verfügbaren Zutaten, teile mir das Essen ein und koche auf dem Boden.

Doch wenn ich die Augen schließe, sehe ich dich am Ufer sitzen, sehe dich, wie du früher mit nur einer Hand den Hecht filetiertest, um mit der anderen Schwärme von Moskitos abzuwehren. Überall, wo du auf unseren gemeinsamen Kanutrips die Küchenmatte ausbreitetest, war für mich ein Zuhause. Vielleicht sollte ich sagen, wo ich mit dir war, war mein Zuhause.

Jetzt lebst du wieder in Deutschland: Nach den vielen Jahren on the road *hast du keinen schlechten Start hingelegt, bist wieder in deinem Beruf tätig, hast soziale Absicherung, fährst ein schickes Auto …*

Und doch stelle ich mir die Frage: Brauchen wir das alles dort? Das Überangebot? Den Überfluss?

Ich kann auch mit Reis und Bohnen leben. Und bald werden die Hänge der Berge und die Ränder der Wälder voller Erdbeeren und Himbeeren, Brombeeren und Blaubeeren sein. Dann kommt die Zeit der Pilze. Dieses Land ist so verschwenderisch reich und gibt uns alles, was wir zum Leben benötigen.

Während ich diese Zeilen schreibe, ist es ganz windstill – wie meistens des Abends und des Nachts. Zwei Möwen segeln über mich hinweg und schreien laut. Mein Feuer ist niedergebrannt. Ich muss Holz auflegen. Ich sollte aufstehen und meinen Rücken entlasten, denn er schmerzt vom krummen Sitzen und von dem kalten Wind. Es ist jetzt 5.50 Uhr morgens. Das fahle Licht des neuen Tages liegt über dem Yukon Valley. Für mich ist es eigentlich Zeit, mein Zelt aufzubauen und etwas zu schlafen. Doch merkwürdig, ich bin nicht müde.

Leben am großen Fluss

In einer entlegenen Welt, in der nicht selten das Bewusstsein für Umweltprobleme wenig sensibilisiert ist, stelle ich immer wieder mit Erstaunen fest, wie unbekümmert die Menschen mit dem Schatz der sauberen, unverdorbenen Umwelt umgehen. Da wird Müll die Uferbänke hinab einfach in den Fluss gekippt, und in manchen Orten sieht man Gerümpel aus den vergangenen Jahrzehnten vor sich hin rotten. In Stevens Village hingegen überrascht auf einem zur Mülltonne umfunktionierten Benzinfass der Hinweis KEEP STEVENS VILLAGE CLEAN.

Vor vielen der mit Wellblech gedeckten Hütten türmt sich Holz. Der Sommer ist kurz, der Winter lang. Die eichhörnchenhafte Bevorratung beginnt, sobald der Schnee taut. Auf einem Holzstapel liegt ein Bärenfell, ausgebreitet zum Trocknen, daneben ein schwerer Außenbordmotor. Hinter der Hütte parken Schneemobile. Schon ein kurzer Gang macht deutlich, dass die Prioritäten des Lebens hier vom Alltag und vom Broterwerb bestimmt werden. Auch das Innere der Häuser ist anders als bei uns. Nicht Geschmack, sondern Zweckmäßigkeit ist entscheidend. Der Supermarkt des Ortes ist in einem Privathaus und dort im hinteren Teil des Wohnzimmers untergebracht. Während ich meine paar Kleinigkeiten bezahle, lege ich, um die Hände frei zu haben, meine Flusskarten auf den Stubentisch. Die junge Verkäuferin beugt sich darüber: »Hey, schau mal, hier an dieser Flussbiegung hat mein Bruder sein *fishing camp*. Und hier am Little Dall River ist Cousin Bills Trapperhütte.« Innerlich muss ich schmunzeln. Fast so, als zeigte jemand zuhause auf den Stadtplan:»Da, in der Bahnhofstraße wohnt Tante Erna. Und hier, in der Adenauer-Allee hat Onkel Otto seinen Zigarrenladen.«

Nach Stevens Village wird der Fluss erstaunlich schmal, und in gleichem Maße nimmt die Strömung zu. Am späten Nachmittag erreiche ich eines der aufsehenerregendsten Ingenieurprojekte des 20. Jahrhunderts. Es kündigt sich schon auf größere Entfernung sichtbar an: Dort, wo die fünfundzwanzig Millionen Dollar teure Yukon River Bridge den Fluss überspannt, zieht sich die Alaska Pipeline durchs Land.

Ich habe vor, hier ein oder zwei Tage zu bleiben und ziehe mein Boot das Ufer hoch.

Parallel zur Alaska Pipeline verläuft der Dalton Highway, eine Straße zum Transport von Versorgungsgütern hoch zu den Ölbohrlöchern von Prudhoe Bay am Arktischen Ozean.

Nordwestlich von Fairbanks bei Livengood beginnt diese nördlichste Straße des amerikanischen Kontinents. Wie ein lang gestreckter Wurm zieht sie sich durchs Land, Seite an Seite mit der 1977 fertig gestellten Pipeline.

Nachdem ich mein Zelt wegen des sich ankündigenden Sturms gesichert und mit Steinen beschwert habe, gehe ich zu der noch im letzten Sonnenlicht golden schimmernden 760 Meter langen Brücke, über die sich der Dalton Highway weiter nach Norden zieht. Der Himmel wirkt wie eine dramatische Lichtinszenierung, und kräftige Winde peitschen die letzten Regenwolken fort. Der parallel zur Straße verlaufende schlanke Körper der Alaska Pipeline glänzt kalt.

Wohl jeder Reisende wird ihr auf seinem Trip durch Alaska

unausweichlich mindestens einmal beggenen. Wie ein Trennstrich zieht sich die Pipeline von der Beaufort-See bis zum eisfreien Pazifikhafen Valdez im Süden. Doch nirgendwo sonst folgt ihr eine Straße so unmittelbar und so lange wie hier. Bis vor wenigen Jahren war der Dalton Highway eine verbotene Straße für alle, die nichts mit dem Ölgeschäft zu tun hatten. Unter dem Namen North Slope Haul Road gehörte sie allein den mächtigen Lastwagen, schwerbeladen mit Röhren und Gerüsten, auf ihrem langen Weg zu den Ölquellen von Prudhoe Bay. Touristen waren unerwünscht, denn man fürchtete eine Störung des Pipeline-Betriebs. Zum Glück hat sich das seit einigen Jahren geändert.

Ich folge der Pipeline noch ein Stück zu Fuß und wandere dabei einige hundert Meter durch *muskeg*, das tiefe Moos des Nordens. Was von weitem wie ein glatter Teppich wirkt, lässt mich bis zu den Knien versinken. Selbst 500 Meter Fußmarsch werden im hohen Moos und Gestrüpp zur Kraftprobe. »Hut ab, ihr Männer und Frauen, die ihr hier zwischen 1974 und 1977 fast 3000 Kilometer Pipeline verlegt habt.«

Der Abendwind pfeift durch die Kühlrippen der Pipeline und wird zu einem dumpfen Heulen, das mir durch Mark und Bein geht.

Sie gilt als Geheimtipp, diese 670 Kilometer lange Schotterpiste entlang der Pipeline durch Amerikas nördlichste Einsamkeit. Meist kriecht der gerade verlaufende Dalton Highway über Berge, durch Tundren und Wälder. Plötzlich entdecke ich am Ende dieser Piste eine Staubfahne. Langsam wie im Zeitlupentempo treten die Konturen eines schweren Trucks hervor, eines jener Ungetüme, deren Fahrer sie hier in der unkontrollierten Einsamkeit lenken wie Ben Hur den Streitwagen.

Unter der auf hohen Stelzen stehenden Pipeline hindurch

kehre ich zu meinem Nachtlager am Yukon zurück. Ein prickelndes Gefühl, zugleich an der berühmtesten Pipeline und einem der mächtigsten Ströme der Welt zu sein. Trotz der Kühle des Abends hocke ich noch lange am wärmenden Lagerfeuer und grille meinen frisch gefangenen Hecht.

Das Wasser des Flusses küselt und gluckst. Der Himmel ist nach dem plötzlichen Sturm wieder klar geworden. Sterne leuchten, und der Mond steht jetzt als weiße Scheibe über mir. Wildgänse trompeten, ein Biber zieht durchs Wasser, Zweige zwischen den Zähnen vor sich herschiebend.

Am nächsten Vormittag hält nicht weit von mir ein VW-Bus; der Fahrer stellt sich als David vor, ein bärtiger, freundlich grinsender Geselle. Er hatte unten im Süden, den *Lower Fourtyeights* gelebt, war in der Computerbranche tätig gewesen, bis ihn irgendwann das Alaskafieber gepackt hatte. Er hängte seinen Anzug an den Nagel und kam in die Eisbox Amerikas, um in Kaltag am Yukon die erste Blockhütte seines Lebens zu bauen.

»Mit meinen eigenen Händen«, er lacht. »Mit den Fingern eines Pogrammierers.« Aber es hatte geklappt. Zunächst sahen ihn die Indianer skeptisch an, aber mit der Zeit wurde er akzeptiert. David wohnt heute in einer anderen Hütte. Auch sie ist von ihm selbst gebaut.

»Nur schöner und größer«, sagt er. Er lädt mich ein, ihn zu besuchen. »Ganz einfach zu finden: Du fährst den Yukon aufwärts Richtung Beaver. Den vierten Nebenfluss paddelst du hoch, bis du an den zweiten *Creek* auf der rechten Seite kommst. Dem folgst du, und irgendwann wirst du vor meiner Hütte stehen.«

»Ganz einfach«, denke ich, »so als würdest du jemandem den Weg durch die Hannoversche Innenstadt beschreiben.«

David und ich verabreden uns für den nächsten Vormittag zu

einem Autotrip auf dem Dalton Highway. Die Fahrt wird für mich zur Begegnung mit einer der kühnsten Ingenieurleistungen dieses Jahrhunderts, bei der die Fantasie Luftsprünge macht: Ich sehe Männer und Frauen bei minus 40 Grad die Pipeline bauen. In Spitzenzeiten arbeiten 22 000 Menschen gleichzeitig daran, ihre Bärte vereist, dick angezogen, um den arktischen Temperaturen zu trotzen. Ich sehe aber auch Burschen in überheizten *bunks*, die als Kneipen dienten. Es brauchten nur noch Honkytonk-Pianos zu hämmern, und ähnliche Bilder wie die von 1898 würden wieder erstehen, mit Typen aus aller Welt, wie sie einst dem Gold am Klondike nachjagten.

Wenn im Sommer Myriaden von Moskitos Mensch und Elch gleichermaßen als Leckerbissen betrachten, werden solche romantisch-nostalgischen Visionen schnell verfliegen. Was bleibt, ist die Realität: eine silbern schimmernde Pipeline mit einem stattlichen Durchmesser von 1,22 Meter, meist auf hohen Stelzen mit immensen Kosten über der Erde verlegt, des Permafrostes wegen. In regelmäßigen Abständen donnern Kontrollhubschrauber über sie hinweg.

Pipeline und Straße sind aber auch Wunden im Körper der Natur. Sie zerschneiden die Migrationsrouten der großen Karibuherden. Als Zugeständnis an das Leben der Wildnis wurde die Pipeline daher stellenweise noch höher gelegt, um die Tiere ungehindert passieren zu lassen, wie bei Kilometer 266. Doch ohne die Pipeline würden die von einer energiehungrigen Welt begehrten 1,2 Millionen Barrel Erdöl täglich nicht in die Tanks von Valdez fließen können.

Das Ende des Dalton Highway an der Beaufort-See erreichen David und ich nicht. Macht nichts. Wir sind nicht auf Rekorde aus. Gemächlich rollen wir bei Kilometer 186 über den Arctic Circle. Ein Toast auf den Polarkreis, dann geht's weiter. Jim River ist bekannt für seinen Fischreichtum, unter anderem Lachs. Ich stelle mein Anglerglück auf die Probe. Leider ohne Erfolg. Die Niederlassung Cold Foot passieren wir hundert Kilometer später. Um 1900 drangen Goldsucher bis hierher vor. Dann bekamen sie kalte Füße. Cold Foot rühmt sich heute *The World's Farthest North Truck Stop* zu sein. Wer will, kriegt hier Hamburger, Benzin und die Reifen werden geflickt.

Die Landschaft zeigt sich von ihrer spektakulären Seite: erst Barrenland, Hochlandtundra, danach kommen die Berge der Brooks Range.

Am nächsten Tag sitzen wir wieder am Yukon River.

»Sag mal, David, kennst du die Stromschnellen bei Rampart?«

»Ich bin sie schon gefahren. Nichts, worüber du dir Gedanken machen solltest. Jetzt bei Hochwasser sind sie unproblematisch.«

Und dann erzähle ich ihm von einem Erlebnis, das ich auf einem Kanutrip mit Juliana den Sommer zuvor auf dem Mackenzie hatte. Schon mehr als sechzig Tage waren wir unterwegs gewesen, als wir bei Niedrigwasser in einer Flussenge in einen falschen Kanal des Mackenzie River geraten und gekentert waren. Nichts wirklich Lebensbedrohliches, aber meine Fotoausrüstung im Werte von 2000 Euro hatte ich dabei ruiniert. Und die Stelle, an der es geschah, hatte Rampart geheißen. Hoffentlich ist das kein schlechtes Omen.

Als ich am nächsten Tag in dem kleinen Ort Rampart nahe der Stromschnellen anlege, habe ich Herzklopfen. Für einen Wildwasserexperten halte ich mich nicht, obwohl ich gemeinsam mit Juliana so manche Stromschnelle gemeistert habe. Ich zähle mich eher zu den Kanuwanderern, die sich in Muße daran erfreuen, wenn auf einem stillen Fluss das Land und das Leben der Wildnis wie in einem Breitwandfilm an ihnen vorbeiziehen.

Rampart begrüßt mich mit einem tuckernden Frachtkahn, der die Nester Alaskas mit tausenderlei Kleinkram und großen Maschinen versorgt. Das Dorf selbst wirkt auf mich heruntergekommen. Herumliegendes Gerümpel bestimmt das Bild. Es erinnert mich spontan an die vielen Diskussionen zwischen Juliana und mir als wir uns überlegten, in Kanada oder Alaska heimisch zu werden. Diese Diskussionen hatten meist damit geendet, dass Juliana behauptete, in solch »zerknautschten Nestern« nicht leben zu können. Wenn ich persönlich auch bereit gewesen wäre, über die dunklen Flecken mit viel Nordlandliebe hinwegzusehen, so kann ich ihr in diesem Punkt doch nicht widersprechen. Dutzende alter Öl- und Benzinfässer liegen da herum, verrottete Kähne, ein Lkw, den nicht einmal die Hand eines Magiers zum Laufen bringen würde, demontierte Schneemobile, Holzabfälle, Plastikbeutel, Pappkartons... Und zwischen all dem eine Hand voll Autos des Typs »TÜV sehen und sofort sterben«.

Ein kauziger Typ drückt sich an mich ran: »*Hi, I'm Jake. Where do you come from?*«

Als er hört, dass ich aus Deutschland bin, grinst er.

»Germany, da bin ich auch her.« Allerdings waren seine Vorfahren schon vor dem amerikanischen Bürgerkrieg nach Minnesota ausgewandert. Während ich mich mit Jake unterhalte, hat das Heulen der Schlittenhunde zugenommen und liegt wie ein Choral der Wildnis über dem Land. Gleich einer Bienenwabe ist der Hang oberhalb von Rampart durchlöchert von zahllosen Hundebauten. Vierzig Hunde allein gehören Jakes Schwager.

»Für's Schlittenrennen.« Jake grinst lässig. »Das längste Rennen Alaskas ist das Iditarod. 1860 Kilometer nonstop durch die weiße Hölle mit Start in Anchorage. Für den, der es schafft, endet die Strecke in Nome.« Übrigens standen im Land der harten Männer bereits mehrfach Frauen auf dem Siegertreppchen.

Manche der Huskys am Hang von Rampart sehen sehr hübsch aus, andere, in ihrer schwarz-weiß-braunen Färbung, geradezu witzig. Viele der hechelnden Langstreckenläufer haben wasserblaue Augen.

Was die Meute denn zu fressen kriegt, will der wissen, der zu Hause seinen Vierbeiner mit Dosenfutter versorgt.

Jake sieht mich von der Seite an. »Lachs, pro Hund ein Pfund am Tag.« Auf dem Weg zurück zum Ufer bummele ich an Hunderten getrockneter Lachse vom Fang des Vorjahres vorbei. »Und zu Hause zahlst du drei Euro fünfzig für hundert Gramm!«

Ein kleines Mädchen sieht scheu zu mir herüber. Wolken hängen über dem Fluss. Auf der anderen Seite, weit hinter dem gegenüberliegenden Ufer, erheben sich mit Schneetupfern bedeckte Berge.

Ich reiße mich los von diesem Panoramabild. Zum Verweilen habe ich keine innere Ruhe mehr. Die Ramparts, die Stromschnellen liegen mir auf dem Magen! Ich will endlich durch.

Eine Stunde später kocht das Wasser, überall scheinen Wirbel zu sein, platzen blubbernde Blasen auf. Und ich bin mittendrin, allein im Boot. Sonst haben wir alle Abenteuer zu zweit bestanden, einer war für den anderen da, wir hatten unsere Aufgabenteilung, auch wenn wir uns durch Stromschnellen kämpften. Jetzt stehe ich allem allein gegenüber. Ein paar Riesenfäuste scheinen plötzlich mein Kajak zu packen, werfen es hin und her, und so unvermittelt wie es begann, ist der Spuk auch schon vorüber.

Auf einmal ist es wieder still auf dem Fluss. Ich paddele bis lange nach Mitternacht, die hohe Zeit für Moskitos.

Noch heute ist der Yukon ein echter Highway of the North, eine Wasserstraße quer durch die Wildnis. Immer wieder berühre ich kleine Dörfer, größere Orte, Nester mit einer Handvoll Menschen wie Beaver oder Stevens Village, die ich besuchte. Aber dann gibt es auch solche wie Galena, der größte Ort am Yukon, der noch weit in der Ferne vor mir liegt.

Bei Lachsfischern und Buschpiloten

Ich hatte Bill schon vor Jahren kennen gelernt. Die Liebe zu Schlittenhunden verbindet uns. Geboren in Deutschland als Sohn eines amerikanischen Besatzungssoldaten war er schon bald mit seinen Eltern in die USA zurückgegangen, wo er in Colorado aufwuchs.

»Doch ich wollte Wildnis pur, die ganze Wucht des Nordens und die grenzenlose Freiheit«, hatte er mir einmal verraten. So gab es nur eine Zielgerade für ihn, die nach Alaska. Zunächst hatte Bill sich als Fischer auf einem Boot im Beringmeer durchgeschlagen und später war er dann Trapper am Tozitna River geworden, der eine volle Tagesreise mit dem Schlittenhundegespann nördlich von Tanana liegt.

Im Sommer lebt er mit seiner Frau Cathy am Yukon River, für den er eine Lizenz zum kommerziellen Lachsfang besitzt.

»Sperr die Augen auf«, hämmere ich mir ein. Irgendwo am Südufer des Stroms liegt Bill Fliris' *Fishcamp*. «Rund eineinhalb Stunden mit dem Motorboot von Tanana flussaufwärts«, hatte er mir einmal gesagt; über die Geschwindigkeit des Bootes hatten wir dabei allerdings nicht gesprochen, geschweige denn von der Distanz in Meilen oder Kilometern. Also bleibt mir nichts anderes übrig, als die Nadel im Heuhaufen zu suchen.

22 Meilen flussaufwärts von der Siedlung Tanana, am Zusam-

menfluss von Yukon und Tanana River, finde ich schließlich gut zehn Meter oberhalb des Flussbetts Bills *Fishcamp*.

Wie in einem Panoramafilm sieht man von hier aus den Yukon vorbeiziehen. »Ein großartiger Fluss, mein Leben…«, schwärmt Bill, während er 800 Pfund Lachs aus dem Boot ans Ufer hievt.

»Aber die spektakulärsten Bilder hatten wir vorletztes Jahr beim Eisaufbruch, als sich haushohe Eiswälle durch unser Camp schoben. Eins meiner Räucherhäuser wurde platt gemacht, und unsere Küche wurde meterweit in den Wald hineingedrückt.«

Bills *Fishcamp* steht wie ein winziges Dorf in der Einsamkeit Alaskas. In einem geräumigen Zelt zerlegt Cathy Lachse. In zwei von der Patina vieler *Fishcamp*-Sommer geschwärzten Hütten werden die Fische geräuchert. Zwischen Bäumen steht als Blickfang für jeden, der das Camp betritt, das geduckte Blockhaus mit Kochstelle und Vorräten. An rustikalen Wänden hängen Töpfe und Pfannen. Auf selbst gezimmerten Regalen stehen Becher, weiteres Küchengeschirr und Wasserbehälter. Drinnen liegt Bills »Bärentöter«, ein schwerer Revolver vom Kaliber 44.

Jedes Jahr von Mitte Juni bis August ziehen die Fliris' mit ihren Söhnen Brendan und Jessie vom Ort Tanana ins Camp. Einen wie Bill nennen sie hier *Jack of all trades* – Alleskönner, Tausendsassa und Überlebenskünstler. Das muss man hier auch sein, weil nicht pünktlich am Monatsersten der Gehaltsscheck ins Haus flattert.

»Der Alltag ist für mich ein ständiges Abenteuer.« Vorsichtig steuert der hochgewachsene Endvierziger abends sein Motorboot für die zweite Netzkontrolle an einer Sandbank vorbei, und ein halbes Dutzend halbwüchsiger Huskys blickt ihm schwanzwedelnd nach. Während der Bug des sieben Meter langen Bootes in nervösem Stakkato auf den Yukon hämmert, spritzt Gischt auf und legt sich als feiner Nebel auf unsere Gesichter.

»Irgendwann hast du raus, wo du die Netze auslegen musst.« Bill Fliris zeigt zum Ufer.

»Auf ihren Wanderungen zurück zu den Laichplätzen müssen sich die Lachse gelegentlich ausruhen. Bestimmte Uferpartien mit einer zurückfließenden Strömung sind dafür geradezu prädestiniert. Und genau dort legst du die Netze aus.«

All dieses Wissen wurde dem Burschen aus Colorado nicht in den Schoß gelegt, als er vor einem Vierteljahrhundert nach Alaska kam. »Zunächst hatte ich fünf wilde Jahre als Krabbenfischer«, erinnert er sich. »Auf den Aleuten«, fügt er hinzu. »Es war verdammt kalt, stürmisch und extrem lebensgefährlich.« Doch Bill machte dort das schnelle Geld, das er für die Realisierung seines Traums benötigte: ein Blockhaus und die Lizenz für eine *trapline*, für einen Fallenstellerbezirk in der Wildnis Zentralalaskas. Gut ein Jahrzehnt lang lebte er dann als Trapper in einem Holzhaus am Tozitna River.

»Eine Menge Bären hatte ich in dem Gebiet, vor allem, wenn die Lachse zum Laichen in den Tozi River kamen. Ich erinnere mich besonders an einen: Im schwachen Mondlicht hob sich seine Silhouette deutlich gegen den glänzenden Fluss ab. Regungslos wie eine Statue stand der Bär auf einem Felsen, nur dann und wann sprang er blitzschnell nach vorn, nagelte mit den Krallen einen Lachs auf den Grund, biss rein, danach hörte man ihn nur noch kauen. Ich belauschte ihn so lange, bis er weiterzog. Dann ging ich zu meiner Hütte zurück. Es war stockfinster im Wald. Plötzlich überkam mich ein merkwürdiges Gefühl. Ich war nicht allein. Ich blieb stehen und lauschte. Mir war, als hörte ich ein Grunzen wie bei einem Schwein, nur ein paar Meter von mir entfernt. Der Bär! Mein Gewehr stand in der Hütte. Was sollte ich tun? Ich dachte an Barger, ein Prachtexemplar von einem Hund. Doch der döste hinter dem Haus. Plötzlich kam mir die rettende Idee. ›Barger, komm zum Fressen‹, rief ich vorsichtig. Freudig wie immer kam er angetrottet. Als er mein Gegenüber erkannte, explodierte er förmlich, flog an mir vorbei und dem Schwarzbären direkt an den Hals. Der drehte auf der Stelle um und flüchtete in den Wald.«

Bill drosselt seinen 80-PS-Motor und manövriert das Boot parallel zum zweiten Netz, das er an diesem Morgen kontrolliert. »Momentan habe ich nur drei Netze im Wasser. Die kommerzielle Fangzeit hat noch nicht begonnen, und wir fischen nur im kleinen Umfang *subsistence*, das heißt für den Eigenbedarf. So weit das Entgegenkommen der alaskanischen Gesetze gegenüber allen, die im Busch leben.« Bill grinst. »Demnächst aber, wenn die kommerzielle Fischerei beginnt, ist dann auch hier wieder der Teufel los.«

Doch die wilden Tage, bei denen sich alles um Lachse und das schnelle Geld dreht, sind kurz, verrät er mir. »Es hängt davon ab, wie lange das *Department of Fish & Wildlife* den kommerziellen Lachsfang erlaubt.« Bill legt die Stirn in Falten.

»In manchen Jahren sind es nur wenige Tage, es können aber auch mal zwei Wochen sein, je nachdem, wie groß das Lachsaufkommen ist, denn über allen wirtschaftlichen Interessen steht die Erhaltung der Art. Vom *salmon run* hängt viel für uns ab. Es ist wie beim Roulette; manchmal sind die Netze so schwer, dass ich sie allein nicht hochziehen kann, manchmal ist kaum was drin. Wenn wir Glück haben, verdienen wir in einer Woche ein Vermögen, haben wir Pech, dann reicht es hinten und vorn nicht mal, um die Raten für unsere Boote abzustottern.«

Mit einem guten Fang fahren wir heute zurück ins Camp.

»Im Winter repariere ich Motorschlitten und baue Holzschlitten nach indianischen Vorbildern, züchte Huskys und vermiete die Hundeteams an Touristen, die in meiner Trapperhütte am Tozitna River wohnen wollen«, plaudert Bill, während wir im Küchenzelt hocken.

Cathy, die am Morgen die Lachse vom Vortag zum Räuchern in knapp meterlange und drei Zentimeter breite Streifen geschnitten hat, setzt sich zu uns. Bills Frau arbeitet tageweise als Krankenschwester und stellt unter der Bezeichnung *Tozi Wear* Ausrüstung für Schlittenhundefahrer her.

»Wir haben gern Menschen bei uns,« sagt sie. »Wenn Kanuten vorbei paddeln, laden wir sie zu uns ein. Denen gehen dann immer die Augen über: Lachs bis zum Abwinken.«

Aus der spontanen Gastfreundschaft gegenüber Vorbeidrif-

Alex, der Buschpilot, Jagdführer und Leiter von Wildnistouren

tenden wurde mit der Zeit ein zusätzliches wirtschaftliches Standbein. Seit ein paar Jahren steht nun ein geräumiges Hauszelt mit Betten im *Fishcamp*.

»Für Urlauber, die das richtige Alaska erleben wollen«, sagt Bill. »Wer will, kann mit mir die Netze einholen oder Cathy beim Lachsräuchern helfen oder einfach nur hier sein, zuschauen und essen: Lachs morgens, mittags und abends…«

Der Zeiger der Uhr geht auf Mitternacht zu, aber niemand ist müde. Denn erst um ein Uhr morgens geht die Sonne nordwestlich des Fishcamps unter. Scheinbar widerwillig rutscht sie in Zeitlupe unter den Horizont.

Auf dem Grill brutzeln köstliche Lachsfilets, als das Dröhnen eines kleinen Flugzeugs die Stille durchbricht. Es kreist ganz in der Nähe, dann wirbelt auf der Sandbank im Fluss, ein paar hundert Meter von uns entfernt, Staub auf.

»Das ist Alex Tarnai. Der hat einen Riecher dafür, pünktlich zum Abendessen bei uns zu landen«, witzelt Bill.

Wir steigen ins Boot, fahren hinüber zur Sandbank und begrüßen Alex, der gerade noch sein mit der Nase gegen den Wind geparktes Flugzeug sichert.

Alex ist ein Draufgänger. Er ist Buschpilot und Jagdführer, der Jäger zu Trophäenbären führt, aber er ist auch Trapper. Zudem unternimmt er mit zahlenden Gästen auch Wildnistouren. 1976 kam der gebürtige Ungar nach Alaska. Schon bald zog es ihn an den Nowitna River: »Seitdem bin ich hier«, meint der hagere Stoppelbart unter der Schirmmütze mit der Aufschrift UNITED STATES OF ALASKA.

Zehn Jahre lebte er allein in der Wildnis. Das erste Jahr, auch bei minus 50 Grad, nur in einem Zelt.

»Erzähl ein paar Geschichten von damals«, bitte ich ihn. Alex schmunzelt:

Autor Dieter Kreutzkamp unter dem blauen Himmel Alaskas bei Holy Cross

Wildnis wie im Bilderbuch: die Five Finger Rapids im Yukon Territory

Mitternachtssonne und Lagerfeuerromantik bei Tanana

Bei Fort Yukon am Polarkreis erreicht der Yukon River seinen nördlichsten Punkt.

Bei Lachsfischern zu Gast. Wie in alten Zeiten wird die Delikatesse bei offenem Feuer geräuchert.

Die Yukon Flats sind ein Wasserlabyrinth von sieben Kilometern Breite.

David, der Aussteiger aus dem Süden, verwirklicht in Alaska seine Träume.

»Hast du 'ne Woche Zeit?«

Doch dann plaudert er: »Damals gab es am Nowitna River noch kein Tierschutzgebiet. Als ich ankam, waren meine Nachbarn offenbar scharf darauf herauszufinden, mit wem sie es zu tun hatten. Jahrelang hatte sich keine Seele dort sehen lassen. Eines Abends saß ich im Zelt. Der Ofen bullerte, doch nicht so laut, dass ich das Knirschen draußen im Schnee hätte überhören können. Plötzlich, fast unmerklich, hob sich die Plane am Eingang, und die Schnauze eines Wolfes schob sich darunter hervor...«

Auf 600000 Hektar Fläche des Nowitna National Wildlife Refuge leben im Sommer eine Viertelmillion Wasservögel. Aber auch Wölfe, Bären und Elche wissen die Gegend zu schätzen. Für Kanuten ist der Nowitna River ein stiller Traum. Alex Tarnai kommt am nächsten Morgen zurück, um mich dorthin mitzunehmen. Ein paarmal springt seine Einmotorige wie ein Ziegenbock über den Kies, und schon sind wir in der Luft. Fliegen ist in Alaska genauso selbstverständlich wie anderswo mit dem Kleinwagen zum Schrebergarten fahren.

Alex dreht sich um: »Das ist ein Flug über völlig menschenleere Wildnis... Merk dir ein paar Tipps für alle Fälle: Dahinten liegen die Schlafsäcke, und hier steht das Gewehr!«

Zunächst folgt seine Maschine dem Yukon River, dann überfliegen wir den Naturteppich der Taiga mit seinen wechselnden Grüntönen, wo Birken und Fichten dem Land das charakteristische Flickenmuster des Nordens verleihen. Da die Schneeschmelze regelmäßig für Überschwemmungen sorgt, stehen viele tote Baumstümpfe wie eisgraue Bartzipfel am Rand von Seen und Niederungen.

Alex tippt an die Scheibe des Cockpits: »Hier beginnt mein

Fallenstellgebiet. Wir könnten weitere 45 Minuten fliegen und wären immer noch über meiner *trapline*.«

Auf einer durch das Frühjahrshochwasser aufgeweichten Sandbank landen wir. Ein paar flinke Handgriffe und das am Ufer vertäute Motorkanu ist startklar. Zehn Minuten später klettern wir das Steilufer zu Alex' Blockhütte hoch.

Dreißig Quadratmeter misst sie, mindestens zwei Meter ist sie hoch. Aus soliden Baumstämmen sind die Wände gezimmert, sechs Pfosten tragen das Dach. Die Bude ist brechend voll mit Sägen, Flaschenzug, Schneeschuhen, Gewehren, Angeln, Werkzeugen, Paddeln, Küchenutensilien und einem Berg von Lebensmitteln.

»Ich habe vier komplette Haushalte: in Tanana und in meinen Blockhütten.«

Alex ist aufgestanden und zeigt auf ein trichterförmiges Instrument.

»Das ist ein *moose call*, der den Ruf eines Elchs imitiert. Vor ein paar Jahren hatte ich während einer Jagdsafari ein verrücktes Erlebnis mit einem Lockruf, der wie die letzten Laute eines verendenden Kaninchens klingt. Den blies ich, um einen Fuchs zu locken. Mein Jagdgast und ich lauschten. Wenn ein Fuchs den Ruf hörte, würde er leichte Beute vermuten und sich anpirschen. Doch nichts passierte. Ich ahnte nicht, dass ein Kodiakbär den Laut auch vernommen hatte. Er kam näher und näher. Unglücklicherweise saß ich mit dem Rücken zu ihm. Plötzlich sah ich, wie meinem Gast die Augen beinahe aus dem Kopf quollen. Dann stotterte er: ›Da… ein Bär!‹«

»Ein toller Fluss für Angler«, schwärmt Alex, als wir am nächsten Morgen in seinem Kanu den Nowitna River entlang paddeln. »Pass mal auf, einen solchen Fischreichtum hast du noch nicht gesehen.« Er kramt ein paar Angeln hervor, der erste Haken klatscht aufs Wasser. Beim zweiten Versuch schon strafft sich die Leine. Alex lacht: »Wenn ich am Nowitna nicht spätestens beim dritten Wurf einen Zehnpfünder am Haken habe, werde ich ungeduldig.«

Aussteiger und Schlittenhundeführer in der Wildnis

Zwei Tage später sitze ich wieder in meinem Kajak. Am Nachmittag dieses Tages erreiche ich den trägen, gelbbraunen Tanana River. Umständlich sucht er sich seinen Weg, legt hier graue Sandbänke an, reißt dort ganze Uferpartien mit sich. Ein paar Meilen weiter, wo heute die überwiegend von Athabasca-Indianern bewohnte Siedlung Tanana steht, wird er seine Reise, die in den Wrangell Moutains begann und quer durch Alaska führte, beenden und sich mit dem Yukon vereinen. Das kilometerbreite Gebiet erinnert an einen riesigen bizarren See.

Die Verbindung der beiden großen Ströme ließ den Ort Tanana zu einem der Wirtschafts- und Versorgungszentren am Yukon River werden. Und das schon seit mehr als einem Jahrhundert.

Bereits in den 80er Jahren des 19. Jahrhunderts hatte der Händler Arthur Harper hier einen ersten Handelsposten eröffnet. Ihm folgte ein zweiter *trading post* mit der Bezeichnung *Weare* knapp einen Kilometer unterhalb von Harpers Handelshaus.

Die siebte US-Infanterie zog später mit zwei Kompanien nach, für die wiederum ein paar Meilen westlich mit Fort Gibbon der seinerzeit bedeutendste Militärposten am Yukon errichtet wurde.

Die Handelshäuser sind längst Teil der Geschichte wie auch Fort Gibbon, das 1923 geschlossen wurde.

Mein erster Weg führt mich zur Post. *Post offices* sind im Norden auch wichtige Kommunikationszentren. Briefträger sind selten. Und eigentlich wollen die Menschen hier sie auch nicht so recht. Für den, der einsam tief im Busch lebt, sind die Post und der kleine Supermarkt willkommene Orte, andere Menschen zu treffen.

Ich begegne dort Bill White. Er gehört zu denen, die in Tanana auf einer Yukon-Paddeltour hängen blieben. Der hagere Mohawk-Indianer aus dem amerikanischen Osten fährt heute den Lieferwagen von Warbelow's Airline und bringt mich ins Haus des Yukon River-Taxifahrers Paul Starr. Seine Frau Mary, eine der wenigen Weißen im Ort, betreibt in Tanana ein *Bed & Breakfast*, eine kleine Pension. Nebenher verkauft sie Lebensmittel im Mini-Supermarkt. Schon mit achtzehn Jahren kam sie nach Alaska. »Acht Kinder habe ich, davon fünf eigene und drei angenommene«, sagt sie, während sie Kaffee in große Becher füllt. Ihr Mann Paul, ein *full blood Athabascan*, ein reinrassiger Athabasca-Indianer also, hatte jahrelang im Sommer auf Flussfrachtern gearbeitet. Danach sattelte er um. Jetzt bringt er mit seinem komfortablen Boot Besucher zu den Highlights der Region.

Im Wohnzimmer der Starrs dominiert ein gut drei Meter langer Speer. Paul tippt auf das vergilbte Bild eines jungen Indianers: »Mein Großvater, er benutzte den Speer noch zur Bärenjagd.« Doch die Zeiten, da Indianer mit Pfeilen und Speeren jagten, sind Geschichte. Schwere Motorboote ersetzten Birkenrindenkanus, und schnelle Motorschlitten verdrängten die Schlittenhundeteams weitgehend. Für die Athabasca-Indianer hieß die Stelle am Zusammenfluss von Tanana und Yukon River *Nuchalawoya*, der Platz, wo sich zwei Flüsse treffen, ein bedeutender Fleck Erde, wo sich die Stämme trafen: Hier schlichteten sie Streitigkeiten, hier feierten sie.

Im 19. Jahrhundert begannen die Veränderungen. 1851 kamen die Missionare der Church of England. 1906 entstand ein schmuckes neues Missionsgebäude am Ortsrand. Heute leben hier rund 400 Menschen jahrein, jahraus, vor allem Indianer, aber auch eine Hand voll Weißer.

Tanana feiert bei meiner Ankunft gerade seine drei tollen Tage: das Nuchalawoya-Fest, es ist indianischen Ursprungs. Ausgelassenheit ist Trumpf bei Jung und Alt. Da vergnügen sich Kinder beim Sackhüpfen und Eierfangen, die Erwachsenen mühen sich unter viel Gegröle beim traditionellen Tauziehen mit dem Feuerwehrschlauch. Ein paar Besucher genießen den Rummel mit gutem Überblick von den Stufen der alten Kirche im Blockhausstil aus.

Erneut umfängt mich die Stille, als ich weiter paddele. Die die Ufer des Yukon säumende Landschaft wird immer großartiger, wenn auch die seit Tagen fast unverändert bleierne Stimmung über dem Fluss bleibt. Auf den nur wenige Hundert Meter hohen Bergen liegt noch immer Schnee. Nach einem langen Paddeltag mit stundenlangem Sturm versuche ich, auf einer in meiner Karte als Henry Island bezeichneten Insel anzulegen und Fuß zu fassen. Das Ufer ist morastig, ein Schlammplatz, oh Henry! Nachdem ich mich zwischen Geröll und Morast leidlich etabliert habe, wird der Abend noch prächtig, und bald knistert das Lagerfeuer.

Dort, wo auf meiner Flusskarte die Siedlung Kokrines eingezeichnet ist, betrete ich eine Geisterstadt. Die Häuser des ehemaligen Dorfes sind verfallen. Das einzig Erhaltene in Kokrines ist der alte Indianerfriedhof. Ich bummle zwischen überwachsenen Gräbern, zwischen denen kleine Häuschen für die Seelen der Verstorbenen stehen, vor manch einem Grab liegen Opfergaben: Zigaretten, Essen, Blumen. Nur über einem Grab steht ein Stein, darauf die knappe Inschrift: HÄUPTLING JOSEF, GESTORBEN 1920.

In meinen Gedanken wird die Geisterstadt wieder lebendig. Ich sehe Bilder von den Menschen, die hier lebten, für die dieser Fleck der Mittelpunkt der Welt war. Langsam gehe ich zu meinem Faltboot zurück. Die Ableger wilder Stachelbeeren, die sie einst erfreuten, kratzen mich mit ihren Dornen. Ein paar Jahrzehnte, vielleicht nur ein paar Jahre, und nichts wird mehr an Kokrines erinnern. Der Puls des Lebens schlägt jetzt anderswo. Zunehmend in den Städten Fairbanks und Anchorage, den Wirtschafts- und Militärmetropolen Alaskas.

Nachdem ich ein paar Kilometer mit *Arctic Loon* gepaddelt bin, greife ich zur Feder, um meine Eindrücke festzuhalten…

Auf dem Yukon, 23.30 Uhr

…dieser verzauberten Nacht ist ein wechselhafter Tag vorausgegangen. Erst seit kurzem ist es windstill und der Fluss, der vielleicht zwei Kilometer breit ist, liegt spiegelglatt vor mir. Vom Nachmittag an bis zum späten Abend hat es mehr als fünf Stunden lang stark gestürmt. Der Wind peitschte mir das Wasser ins Gesicht, er bauschte die Strömung auf und machte das Paddeln zur Knochenarbeit.

Nach dem Sturm ist es nun sehr kalt geworden. Ich habe klamme Finger und eisige Handgelenke.

Du wirst fragen, warum ich so viel paddele. Zugegeben, manch einer könnte es als verrückt bezeichnen.

Seit fast zehn Stunden sitze ich – mit Unterbrechungen – im

Boot und bin gut vorangekommen. Doch so sehr es mich auch reizen würde, mein Lager aufzuschlagen – am Rand des Ufers vielleicht, oben auf einer Felsnase mit weitem Blick über das Land –, letztlich ist doch mein Wunsch stärker, mit diesem lebenden Wesen, dem Fluss, eins zu sein und durch die absolut stille und einsame Welt zu gleiten. Dunkle, kahle Berge säumen ihn zur Rechten, oben sind sie von Schnee gekrönt, und darüber türmen sich pralle Wolkengebirge.

Gerade beobachte ich auf der anderen Seite des Flusses ein Motorboot. Das heißt, ich vermute es dort. Vom Boot selbst ist nichts zu sehen, nur das Spritzen der Bugwelle flimmert wie ein weißer Streifen über dem Wasser. Überhaupt habe ich den Eindruck, als wenn der Fluss belebter wird, häufiger denn je zuvor sehe ich Hütten und Zeltcamps am Ufer, die sehr bald schon, wenn die Lachsfangsaison richtig beginnt, voller Leben sein werden.

3.30 Uhr morgens

Nach zwölf Stunden Paddelei habe ich heute Nacht gegen zwei Uhr an einer kleinen Insel angelegt, deren Ufer noch seit der Schneeschmelze unter Wasser stehen. Doch die Sicht von meiner Trauminsel auf das Umland entschädigt aufs Großartigste für diese Launen der Natur.

Doch lass mich der Reihenfolge nach berichten, was heute Nacht geschah: Von Mitternacht an bis zwei Uhr morgens stand die Sonne rot glühend hinter den Bergen. Ein wunderbares Bild. Ich wünschte, ich könnte diese Bilder, diese Farben und meine Empfindungen wie ein Dichter oder Maler einfangen und wiedergeben. Doch dafür wäre ich vermutlich jetzt viel zu kaputt. Mehr als zwölf Stunden war ich im Einsatz. Eigentlich hätte ich jetzt mal wieder mein Tagebuch aufarbeiten sollen. Zwei Tage bin ich schon im Rückstand. Aber, um ehrlich zu sein, viel wichtiger ist mir, Dir alles zu erzählen, diese Einsamkeit mit Dir zu teilen.

Gestern bin ich um 10.30 Uhr aufgestanden. Als ich mein bei so manchen Abenteuern getragenes rotes Holzfällerhemd anziehen wollte, stellte ich fest, dass es auf dem Rücken drei lange Risse hatte. Materialermüdung. Ich habe es notdürftig geflickt und danach durchgewaschen. Wer weiß, wofür es noch nützlich sein kann? Bei der Gelegenheit habe ich mir das überfällige Bad gegönnt. (Versuch Dir mal die Füße abzutrocknen, wenn Du in breiigem Schlamm stehst!)

Jetzt knistert und knallt vor mir ein Lagerfeuer aus harzigen Tannenzweigen. Gerade habe ich den Wetterbericht über Hobart auf Tasmanien und Sydney auf dem australischen Festland gehört. Regen in Hobart und angenehme 19°C in Sydney. Ja, Du hast richtig gelesen, australische News, *denn mit meinem Kurzwellenradio kommt die Welt zu mir in die Einsamkeit Alaskas. Selbst das Erkennungszeichen von* Radio South Africa, *ein tropisches Vogelgezwitscher, drang an den Yukon. Nur die* Deutsche Welle *aus Köln kann mich offenbar nicht erreichen.*

So sitze ich hier, drei Meter über dem Fluss auf einem umgestürzten Baumstamm, blicke aufs Wasser und aufs andere Ufer. Der Himmel über mir ist grau, es ist windstill. Um meinen Kopf summt ein Moskito, einer nur von unzähligen, die zunehmend über mich herfallen.

Diese Nacht hat noch zwei kurze schwere Unwetter parat. Und der Yukon brodelt wieder einmal. Ich verkrieche mich in meinen dicken Gummimantel. Dann reißt der Himmel auf, und Morgensonne taucht das Land in weiches Licht. Lautlos treibe ich auf die kleine Siedlung Ruby zu. Menschliche Laute höre ich nicht, selbst die Schlittenhunde sind ruhig. In dieser stillen Stunde fällt es einem schwer, sich vorzustellen, dass Ruby zwischen 1911 und 1912 einen Goldboom mit über tausend Menschen erlebt hatte. Schaufelraddampfer legten hier regelmäßig an, und im Ort entstand sogar eine eigene Zeitung. Wie lange ist das her? Wenn man betrachtet, was davon übrig blieb, glaubt man an Jahrhunderte. Dabei sind's nur ein bis zwei Menschenalter.

Ich erinnere mich sehr gut an einen früheren Besuch in Ruby. Es war mitten im Winter gewesen, eine Jahreszeit, in der dir das Blut in den Adern gefriert. *Fourty below* ist hier keine Seltenheit. Minus 40 Grad, das ist richtig kalt, auch für Alaskaner, die durchaus bei minus 20 Grad schon mal im T-Shirt zum Holzhacken vor die Tür gehen.

Ruby hatte wie erstarrt dagelegen. Über den Holzhäusern des nur rund 300 Einwohner zählenden Dörfchens kräuselte sich bläulicher Rauch von Birken- und Fichtenfeuerholz. Wenn der Yukon River im späten Frühjahr das Treibholz anschwemmt, bedient man sich gern und nimmt, was er an kostenlosem Feuerholz bietet. Der Rauch des Feuers war aromatisch duftend gewesen.

Nur vereinzelt hatte ich Menschen auf den Wegen des Ortes getroffen. Einige fuhren auf Motorschlitten, die in den entlegenen Regionen Alaskas den Job des Huskyteams übernommen haben. Weitestgehend, um korrekt zu sein. Denn ich entdeckte auch nicht wenige Schlittenhunde, wie überall am Yukon; graue, braune, weiße. Ich war überrascht gewesen, wie wenig doch manche dieser Hunde mit dem klassischen Bild des sibirischen Huskys gemein hatten. Doch was hier mehr zählt ist, dass die *Alaskan Huskys* als die schnellsten und ausdauerndsten Schlittenhunde der Welt gelten. Bei den jährlichen Husky-Rennen stellen sie das nur allzu gern unter Beweis. Alaska ist stolz darauf, Austragungsort der beiden längsten, wildesten und härtesten Rennen der Welt zu sein, dem Yukon Quest und dem Iditarod. Während das Erstere zur Hälfte auch durch das kanadische Yukon Territory führt und ein ums andere Jahr mal in Dawson City, mal in Fairbanks beginnt, ist das Iditarod zwischen Anchorage und Nome ein Heimspiel und mit 1860 Kilometern das zweifellos längste Schlittenhunderennen der Welt.

Während ich durch Ruby gebummelt war, hatte ich ein paar dieser legendären Schlittenhundegespanne bestaunt, mit zwölf, vierzehn oder gar sechzehn Huskys davor. Vom *Musher*, dem Schlittenhundeführer hinten auf den Kufen des leichten, ausgetüftelten und nach uralten Erkenntnissen der Nordlandindianer gefertigten Schlittens, bis hin zur Nasenspitze des *Lead Dog* vorn in erster Reihe, waren es zwanzig bis fünfundzwanzig Meter Leben. Vibrierende, kraftvolle, hechelnde Energie. Im Dasein eines Huskys gibt es nichts Erstrebenswerteres als zu laufen. Viele der Schlittenhunde waren blauäugig, manche hatten gelbe oder bernsteinfarbene Augen. Bei anderen war das eine Auge honigfarben und das andere gebirgsbachblau. Die Körper der einlaufenden Hunde hatten gedampft. Sie bewegten sich mit der Präzision von Schweizer Uhrwerken, geräuschlos, lustvoll. Ihr trotz klirrender Kälte heißer Atem hing wie eine Wolke über den muskulösen Leibern.

Ein um's andere Jahr ist Ruby am Yukon einer der *Checkpoints* des legendären Iditarod-Rennens. Hier werden Zeiten genommen, Etappensiege gefahren, hier zerbricht auch die eine oder andere *Musher*-Hoffnung.

Vermummte Männer und Frauen liefen durch den kleinen Ort oberhalb des großen Flusses. In den Bärten und an den Augenwimpern hingen dicke Eisklümpchen wie glänzende Edelsteine. In dieser Jahreszeit, in der die Tage kurz sind, und die Nordlandnacht den Winter dominiert, lernte ich »den Mann vom Yukon« kennen.

In dem geräumigen Wohnzimmer seines Blockhauses saßen wir zwischen selbst gefertigten Schnitzereien und Souvenirs aus Deutschland. Draußen lag die unendlich lange Dämmerung des Winters über dem Land. Doch die Tage waren jetzt im März bereits merklich länger. Erfreulich länger. Ein Aufatmen ging in dieser Zeit durchs Land. Die Sonne hatte bereits Kraft, die Haut zu bräunen, und es war, als belebte sie auch alle Menschen. Nur noch vier, sechs Wochen, und der schier nicht enden wollende Winter würde von den Strahlen der Sonne endgültig in die Knie gezwungen sein.

Wir standen am Fenster und blickten über den Fluss. Erst zwei, dann drei, vier, fünf Huskys heulten draußen. Unheimlich. Gespenstisch. Weitere fielen ein, es war für mich wie ein Ruf der Wildnis. Und abrupt, so plötzlich wie er begonnen hatte, endete das Lied der Huskys.

»Das gehört alles mir. Ohne Straßen, Ampeln und Verkehrsstaus.« Mit einer weit ausholenden Handbewegung zeigte Wolf, der Mann vom Yukon, über den großen Fluss.

»Jetzt verstehst du, weshalb ich damals auf die Suche nach der großen Freiheit gegangen bin.«

Wolfgang Hebel, den alle hier Wolf nennen, der Künstler aus Ruby, lächelte. Freiheit hat er am Yukon gefunden. Und dann immer wieder dieser weite Blick…

Eine Sicht, um die ihn die ehemaligen Kumpel in seiner alten Heimatstadt Braunschweig beneiden.

»Dann und wann«, sagte er, »verirrt sich mal einer zu mir.«

Im Winter sieht er, wie für ein paar Stunden die kalte Nordlandsonne den Horizont in strahlendes Rot taucht, bevor die lange Nacht erneut anbricht. Im Sommer scheint die Mitternachtssonne in die Fenster seines Blockhauses, von dem er stolz sagen kann: »Alles mit den eigenen Händen erbaut.«

Ich erinnere mich noch genau: Die Wände zierten Elchgeweihe und prähistorische Stoßzähne von alaskanischen Ur-Elefanten, ausgegraben an den *boneyards*, einer Fundstelle, die nur Insider kennen. In der Küche hätte man Einbauschrankwand und Küchen-Hightech vergebens gesucht. Statt dessen hingen an den Wänden schwere Pfannen. Auf einem Regal stand ein Zwanzig-Liter-Eimer voll Trinkwasser. Neben Schnitzereien aus Walrosselfenbein und Mammutstoßzähnen entdeckte ich Dosen mit Nürnberger Lebkuchen und Wolters-Pilsener-Bierdeckel.

Seit mehr als dreißig Jahren lebt Wolfgang Hebel am Yukon.

»Ende der fünfziger Jahre, ich war gerade Anfang zwanzig, packte mich die innere Unruhe. Ich hatte in Deutschland einen guten Job als Glasbläser, zukunftssicher, wenn du so willst, doch ein paar Jahre später wanderte ich nach Kanada aus. Zunächst jobbte ich durch die südlichen US-Staaten. 1967 kam ich mit einem alten klapprigen Auto in Alaska an. Die erste Zeit war hart«, erinnerte sich Wolf. »Für Glasbläser gab es keine Arbeit. Aber da ich einen Hang zum Künstlerischen habe, zierten meine Karikaturen schon bald Nachtlokale und einen Offiziersklub. Eine Lady ließ sich von mir sogar einen bengalischen Tiger ins Badezimmer malen.«

Doch deshalb war er nicht nach Alaska gezogen. »Bald lernte ich Alice kennen, ein Eskimo-Mädchen aus Nome. Sie wurde später meine Frau. Doch das ahnte ich damals noch nicht, als wir beschlossen, auf dem Yukon River quer durch Alaska zu paddeln.« Wolf lächelte. »Und wie du siehst, hat mich der Fluss seitdem nicht mehr losgelassen.«

Seine Nachbarn sind Trapper und Fischer. Doch anders als sie, lebt er vom Verkauf seiner Handarbeiten.

Wolf nahm eine Stahlpfanne vom Regal, goss Öl hinein und begann, Pfannkuchen zu backen.

»Der Kuss eines Nordlandsommers war für mich zur Liebe für's Leben geworden.«

Wolf schob mir einen Becher mit heißem Kaffee über den Tisch.

»Mein erster Yukon-Trip mit Alice war eine Kette von Abenteuern. Besonders an eine Geschichte denke ich zurück.«

Er grinste jetzt über das ganze Gesicht.

»Es war oberhalb der Siedlung Beaver in den Yukon Flats. Wir hatten wegen der Hitze am Ufer ein Nickerchen gemacht, und als ich aufwachte, war unser Boot weg. Ich grapschte meine Winchester und rannte flussabwärts. Verflixt, vermutlich hatte ich das Boot nicht weit genug an Land gezogen! Doch Vorwürfe halfen jetzt nicht. Plötzlich erstarrte ich. Dort, wo ich hin wollte, war eine mächtige Bärin. Sie stieg aus dem Wasser, schüttelte sich, dass die Feuchtigkeit in langen Fontänen aus ihrem dicken Pelz flog, und sah interessiert zu mir rüber. Ich war in diesem Moment nicht zu Späßen aufgelegt und brüllte, sie solle sich zum Teufel scheren. Dabei fuchtelte ich wild mit dem Gewehr. Ob die Bärin gedacht hat ›der ist tatsächlich verrückt genug, dir eins auf den Pelz zu brennen…‹, ich weiß es nicht. Jedenfalls machte sie auf der Stelle kehrt und verschwand im Busch. Um es kurz zu machen«, Wolf blickte mich unschuldig an, »irgendwann gab ich es auf, dem Boot zu folgen. Meine Fußsohlen waren wie rohe Frikadellen, und das Wasser war zu kalt, als dass ich hinter dem Boot hätte herschwimmen können. Ich ging zurück zu Alice. Die sah mich an, als wäre ich von den Toten auferstanden. Kurz nachdem ich verschwunden war, hatte sich auch bei ihr ein

Bär eingestellt. Vielleicht war es derselbe, der auch mir begegnet war. Jedenfalls saß Alice vor einem hoch auflodernden Feuer und hatte sich meinen großen Revolver umgeschnallt.«

Wolfgang war nach dieser Story aufgestanden und hatte uns heißen Kaffee nachgegossen.

»Wir improvisierten also mit Hilfe von Plastikschnüren ein Floß und trieben den Yukon abwärts. Ein paar Tage lang ging das so. Immer wieder blieben wir auf Sandbänken stecken, und es dauerte oft Stunden, bis wir das unförmige Ding wieder flott gemacht hatten. Doch unser Kanu war weg.

Eines Tages hörte ich dann dieses unvergleichlich herrliche Geräusch: ein Motorboot! Ich ballerte wie wild mit der Winchester in die Luft. Das Boot kam, und groß war das Hallo. Es waren zwei Indianer aus Beaver. Wir hörten von ihnen, dass man uns schon suchte, nachdem das Boot samt Inhalt angetrieben worden war. Um etwas über uns in Erfahrung zu bringen, hatte man unser Gepäck durchgesehen und mein Tagebuch gefunden. Darin lasen sie, dass wir George füttern würden. ›George muss ihr Baby sein‹, sagten sie sich und benachrichtigten für eine Suchaktion die Polizei. Ich konnte mir das Grinsen nicht verkneifen, als ich ihnen sagte: ›George ist meine zahme Eule‹. Einer der beiden brüllte vor Lachen: ›Das muss ich unserem Häuptling erzählen…, der heißt auch George!‹«

Wolf hatte die Mündung des Beringmeeres nicht erreicht. Statt dessen blieb er in Kokrines und dann in Ruby hängen.

»Heute ist Kokrines ein Geisterort. Nicht einmal in Büchern und auf den wenigsten Karten wird es erwähnt«, hatte sich Wolf erinnert.

»Als ich damals dort ankam, wohnten nur noch Frank und Josephine Titus dort, zwei alte Indianer. Mir hatte dieser verwunschene Ort gefallen, und so kehrte ich im nächsten Jahr mit meinem Freund Neal zurück, um Trapper zu werden. Alle hatten über uns *Greenhorns* gelächelt: ›Kokrines ist verhext‹, hieß es. In der Tat, vor Jahren, als der Ort noch bewohnt war, wurde hier schwer gesoffen, gepokert, geschossen und geprügelt. Der Pfarrer des Dorfes wetterte dagegen, und als Rowdys in seine Kirche eindrangen und sich mit Messwein besoffen, verließ er den Ort mit den Worten: ›In diesen Straßen wird bald nur noch Gras wachsen.‹«

Wolf war nachdenklich geworden.

»Die Auseinandersetzungen nahmen zu, letztlich kamen vier Mann bei Schießereien um. Ein anderer hatte seinen eigenen Bruder umgebracht und sich danach erhängt. Das Maß war jetzt voll. Die Einwohner verließen Kokrines, als läge über dem Ort ein Fluch. Viele zogen nach Ruby.«

Wolf hatte nach diesen Worten den Pott mit Kaffee abgesetzt und blickte nachdenklich aus dem Fenster auf den Yukon.

»In diesem Winter lernte ich viel von dem alten Frank Titus. Aus seinen Worten klang die Weisheit vieler Indianer-Generationen, als er mir anvertraute: ›Um einen Elch zu erlegen, musst du beginnen, wie ein Elch zu denken.‹«

Auch Wolfgang machte sich das zu Eigen und wurde über die Jahre ein echter Busch-Alaskaner. Als wir uns damals verabschiedeten, sagte er: »Solange Bären, Elche und Wölfe ihre Fährten im Uferschlamm des Yukon hinterlassen, wirst du mich hier finden.«

Doch in dieser Nacht werden die wenigen Lichter Rubys kleiner und verschwinden ganz hinter der Biegung des Flusses. In Gedanken versunken gleite ich nach Westen, automatisch bewegen sich meine Arme. »Pitsch, Pitsch, Pitsch« machen die Paddel, wenn sie auf's Wasser treffen.

Nach Ruby kommt Galena, dann Nulato und Kaltag.

Ein um's andere Jahr folgt das Iditarod-Schlittenhunderennen diesem Yukon River-Abschnitt.

Iditarod – das ist ein magisches Wort in den Ohren der Alaskaner, ein Synonym für das Abenteuer, das 1908 begann, als Gold an dem Fleck gefunden wurde, der schon bald den Namen Iditarod trug. 1910 zählte der Ort Iditarod 10000 Einwohner: Hier lebten Spieler, Goldsucher, Schurken, Huren, Minenarbeiter, zwei Zahnärzte und natürlich ein Bestatter.

Die heutigen Iditarod-*Musher* folgen den Fährten dieser und anderer Legenden: Malemute *Kid* und John *Iron Man* Johnson, sie waren Schlittenhundeführer wie die Helden in Jack Londons Romanen. Doch was wurde aus Iditarod? Nur noch ein Mensch lebte 1940 in Iditarod, heute ist der Ort verwaist.

Über die Jahre sah das Iditarod-Rennen blutige Anfänger, erlebte Kuriositäten wie den »Pudelmann« John Suter, der es tatsächlich fertig brachte, ein Pudelteam samt Schlitten im Winter nach Nome zu bringen. Der legendäre Trail sah aber auch berühmte *Musher* fluchend dreißig Kilometer hinter durchgegangenen Teams her ächzen, und er sah mehr als einmal Colonel Vaughan, die lebende alaskanische Legende. Nicht nur, dass er als 90jähriger einen nach ihm benannten Berg in der Antarktis bestieg... Mit 86 Jahren hatte der ehemalige Forscher und Offizier noch den Iditarod Trail befahren. Sein Kommentar: »...die beste Gelegenheit, mein künstliches Knie auszuprobieren.«

Die Anfänge des Iditarod-Schlittenhunderennens liegen im Jahr 1925, genau am 2. Februar 1925. Zwölf Tage zuvor hatte ein gewisser Dr. Curtis Welsh in der Goldgräberstadt Diphtherie diagnostiziert. Die entscheidende Frage war: Wie konnte in diesem klirrenden Winter das rettende Serum in die Stadt am Beringmeer gelangen?

Anchorage, heute der wirtschaftliche Mittelpunkt Alaskas mit mehr als der Hälfte der Einwohner des Riesenlandes, war in jenem Jahr kaum mehr als ein großes Dorf. Von dem heutigen *International Airport* träumte man noch nicht einmal. Die einzigen Flugzeuge, die für den Serumtransport in Frage kamen, standen in Fairbanks. Dort hatte man sie für den Winter zerlegt und eingelagert. Kurzerhand entschied Gouverneur Bone, eine Stafette der schnellsten Hundeteams Alaskas zu bilden und das Serum über den Iditarod Trail, den Winterpfad der Goldgräber, nach Nome zu transportieren. Neunzehn der besten Hundeschlittenteams Alaskas trotzten dem harten Winter mit seinen Schneemassen und anhaltenden Stürmen. Nur acht Tage nach dem Start traf das Serum in Nome ein – knapp 1100 Kilometer hatte die Stafette erfolgreich überwunden. Die Stadt war gerettet, und Balto, der Leithund des letzten Teams, wurde als Statue in New Yorks Central Park verewigt.

1973 hatte sich eine Gruppe unternehmungslustiger Leute im Raum Anchorage in den Kopf gesetzt, dieses Serumrennen wieder aufleben zu lassen. Natürlich nur als sportliches Ereignis.

»Sie nannten mich damals Don Quichote, weil ich das Rennen auf Teufel komm raus anschieben wollte, aber nicht einen Cent dafür in der Tasche hatte und auch noch gegen bürokratische Windmühlen kämpfen musste«, Joe Reddington Senior hatte in Erinnerung versunken gelächelt. Doch Old Joe, vor dessen Haus an der Knik Road, nicht weit vom Iditarod Trail entfernt, mehr als 400 Huskys heulten, war so leicht nicht unterzukriegen.

Joe grinste. »Zwanzig Jahre später, Mitte der 90er, nahmen sechzig *Musher* mit 900 Hunden am Rennen teil. Elf davon waren Frauen. Heute kommen die Rennteilnehmer aus aller Welt, auch aus Österreich und Australien, Japan und Deutschland, der Schweiz, Norwegen, England und Kanada.« Rund zwanzig Mal ist Joe das Rennen selber gefahren. Das pfiffige Gesicht des Alten hatte sich zu einem Schmunzeln verzogen. »Über Platz fünf bin ich allerdings nie hinausgekommen, aber wer weiß, vielleicht klappt es ja doch noch eines Tages…«

1973, beim ersten Rennen, hatte Joe selbst am Starttag noch keinen Dollar vom versprochenen Startgeld zusammen. »Deshalb nahm ich auch nicht teil. Aber zwanzig Renntage reichten, um die 50000 *Bucks* zusammenzukratzen.« Der in Oklahoma geborene Reddington, Sohn eines Cowboys und einer *Outlaw Lady* (»Meine Mutter war eine Gesetzlose, ich habe sie nie kennen gelernt.«), starb hochbetagt 1999. Der Gouverneur von Alaska ordnete an, die Staatsflagge auf Halbmast zu setzen…

Ein anderer der sein Leben dem Schlittenhundesport verschrieben hat, ist der gebürtige Schweizer Martin Buser.

»In der Umgebung von Zürich fuhr ich damals in den 70er Jahren Rennen mit geliehenen Huskys. Später, nach meinem Abitur und der Militärzeit, wollte ich eigentlich nur für ein Jahr nach Alaska gehen«, hatte er mir bei einem Besuch verraten. Aber er blieb für immer. Seine Söhne heißen Rohn und Nikolai – Namen von *Checkpoints* am Iditarod Trail.

»Und wenn ein Mädchen dabeigewesen wäre?« Der Iditarod-Champion lächelt. »Ruby ist doch auch ein schöner Name.«

Checkpoint Ruby am Yukon signalisierte ihm schon zweimal den Sieg bei diesem Rennen, bei dem alles darauf ankommt, wie gut das Verhältnis zwischen dem *Musher* und seinen Huskys ist.

Buser, der Iditarod-Champion der Jahre 1992, 1994 und 1997, überlässt beim Rennen nichts dem Zufall. Doch von Geheimre-

Martin Buser, auch er hat sich dem Schlittenhundesport verschrieben.

zepten hält er nichts. »Der *Musher*, der seine Hunde am meisten liebt, gewinnt. Man muss eine sehr gute Beziehung zu ihnen haben und wissen, was sie wollen und können. Beim Rennen schaue ich weniger auf meine Konkurrenten als auf meine Tiere.«

Er hatte mich zu seinem Zwinger geführt, in dem rund siebzig Hunde aufgeregt auf den Hüttendächern tänzelten. »Fast die Hälfte sind Leithunde.« Stolz klingt dabei aus seinen Worten, denn von der Anzahl der Leithunde, ihrer Fitness und vor allem ihrem psychischen Durchstehvermögen hängen Gedeih und Verderb während des Rennens ab. Vielleicht auch Leben oder Tod von Hunden und *Musher*.

Die Iditarod-Teams werden seit dem ersten Rennjahr 1973 immer schneller. Damals benötigte ein Dick Wilmarth genau zwanzig Tage, um als Erster die Ziellinie zu überfahren. Rick Swenson, fünfmaliger Gewinner und einer der ganz alten Hasen, durchbrach 1981 erstmals die Schallmauer, indem er aus einem abenteuerlichen *Campingtrip* ein heißes Rennen von zwölf Tagen machte. Es sollte immerhin weitere elf Jahre dauern, bis Martin Buser diesen Rekord mit einem fulminanten 10-Tage-Rennen in den Schatten stellte.

»Das Gute beim Schnellerwerden ist, dass die Hunde dann mehr Ruhepausen haben«, hatte Buser auf der Terrasse seines hübschen Holzhäuschens in den Wäldern von Big Lake nördlich von Anchorage geplaudert. »Je schneller man läuft, desto länger kann man auch ruhen. Das ist mathematisch simpel. Bei meinem Sieg 1994 sind die Hunde insgesamt 97 Stunden gelaufen, 117 Stunden ruhten sie. Während die langsameren Teams noch viele Stunden arbeiten müssen, um ins vordere Feld zu kommen, können die schnellen sich schon erholen.«

Von Anchorage nach Nome sind es 1860 Kilometer. Busers Hunde bewältigten die Wahnsinnsstrecke ungeachtet aller Hindernisse mit einer Durchschnittsgeschwindigkeit von 19,22 Stundenkilometern.

»1991 war sicher mein spannendstes Rennen. Die Berge der Alaska Range und Zentralalaska lagen längst hinter mir, und man sprach davon, dass es erstmals ein 10-Tage-Rennen geben würde...«

Noch klebten zunächst die führenden Teams von Susan Butcher, Tim Osmar, Rick Swenson und Martin Buser dicht beieinander. Am Beringmeer brach Susan Butcher aus und übernahm die Führung. Doch Schneestürme und ein zunehmender *white out*, bei dem sie nicht mehr die Hand vor Augen erkannte, ließen sie in einer Hütte zwischen Shaktoolik und Koyuk Schutz suchen. Dort fanden Swenson, Buser und Osmar die *Musher*. Man beschloss, das Ende des Sturms abzuwarten. Es kam anders: Der als »Fuchs« bekannte Joe Runyan sah die rastenden Hunde und wollte sich vorbeischleichen. Die aber machten ihm einen Strich durch die Rechnung und stimmten ein Freudengeheul an, weil sie ein anderes Team sahen. Die *Musher* drinnen wurden hellhörig und vermasselten dem »Fuchs« die Tour. Der Rest war ein Katz-und-Maus-Spiel in der Arktis.

Susan Butcher und Rick Swenson hatten bald die Führung übernommen. Seite an Seite kämpften sie sich durch undurchdringliche Wolken von aufgewirbeltem Schnee – nichts Neues für die alten Hasen. Beide sind Top-Leute. Und beide haben das Rennen jeweils vier Mal gewonnen. Abwechselnd übernahmen sie den anstrengenden Job des Fährtenlesens, während das andere Team folgte. Die Wende kam, als Rick Swenson eine Nasenlänge vor Susan in einer undurchdringlichen Schneewand verschwand. Das war das Letzte, was Susan Butcher von ihm zu berichten wusste – bis Nome. Sie kehrte um, genauso wie Runyan und Osmar, die alle im Ort White Mountain das Ende des Sturms abwarten wollten. Da traf Buser ein. Blitzschnell witterte er seine Chance. Er versorgte sich mit Vorräten und verschwand in der arktischen Nacht. Buser wusste, dass im Rennen auch schon Hundeteams verloren gegangen waren. Mehr als einmal rutschte er auf allen Vieren vor seinem Team her und suchte die Eiswüste nach festgefrorenen Spuren ab.

»Wir waren unerträglich langsam«, erinnert er sich. »Fünf Kilometer pro Stunde statt knapp zwanzig Stundenkilometer wie sonst. Irgendwann kam ich dann doch noch vom Trail ab. Meine Hunde kuschelten sich zusammen. Ich kroch in den Schlafsack und wartete auf das Ende des Schneesturms.« Sein Glücksspiel hatte für ihn ein glückliches Ende: Zwei Stunden nach dem Erstplatzierten Rick Swenson durchfuhr er den hölzernen Triumphbogen in Nome.

Ein Wasserwirbel gibt meinem Kajak einen Stupps, erst links, dann rechts, kurz und heftig. Ich erschrecke, tauche aus meinen Gedanken und Erinnerungen auf und bin zurück in der Gegenwart.

Der Wind bläst wieder von vorn. Es ist kälter geworden. Ungehindert trifft der eisige Nordlandhauch nach langer Reise über das Wasser auf sein einziges Hindernis, auf mich. Rund 500 Meter sind es bis zum nördlichen Ufer, weitaus mehr, fast einen Kilometer zum südlichen. Ein paar Inseln liegen noch dazwischen.

Was ist es wohl, was Menschen bewegt, sich bei Schneesturm und Kälte durch die unwirtlichsten Regionen der Erde zu schlagen? Die Selbstbestätigung? Ein wenig vielleicht. Die Aussicht auf den Jackpot des ersten Preises kann es beim Iditarod kaum sein. Denn mit nur wenig mehr als 50000 Dollar für den Erstplatzierten werden am Ende gerade mal die immensen Kosten für Training, Futter, Tierarzt und die Gebühren für die Rennmaschinerie gedeckt sein. Was aber ist es dann?

Ist es das Kräftemessen mit der Natur, das die *Top-Musher* wie Doug Swingley, Jeff King, Rick Swenson und Martin Buser immer wieder Schnee fressen und der Eiseskälte trotzen lässt?

Ich kenne den Gedanken »Warum tust du dir das an?«, der einen gefühlsbetonten Moment lang lebt und am nächsten Tag, mit dem nächsten Sonnenaufgang, der Freude an der Natur, der Freude am Leben und Entdecken des Neuen hinter der nächsten Ecke, wieder vergessen ist.

Dass große körperliche und strategisch geschickte *Outdoor*-Leistungen beileibe keine Domäne der »ganzen Kerls«, der harten Männer sind, hatten zur Genüge auch Frauen bewiesen.

Der Slogan ALASKA – WO MÄNNER NOCH MÄNNER SIND, ABER FRAUEN DAS IDITAROD GEWINNEN – hatte Machos hier ab 1985 die Haare zu Berge stehen lassen. Dabei hatte niemand besondere Notiz von der 28jährigen Libby Riddles genommen, als sie in Anchorage ihren Huskys ein aufmunterndes *hike!* zurief. Sie war eine waschechte Alaskanerin. Rund hundert Kilometer nördlich von Nome wohnte sie in dem kleinen Küstenort Teller und züchtete Huskys. Sie war vertraut mit den Tücken des Beringmeeres, doch nichts hatte auf ihren Sieg hingedeutet. Im Gegenteil, ihr Hundeteam war anfangs durchgebrannt, später war die Schlittenbremse zerbrochen. Aber unaufhörlich hatte sich die junge blonde Frau an den bärtigen Konkurrenten vorbeigearbeitet. Als sie Shaktoolik am Beringmeer verließ, war niemand mehr vor ihr. »Es war ein Glücksspiel mit hohem Einsatz«, gab sie später zu. Der Pfad war im *white out* nicht mehr erkennbar, die Temperatur auf minus 50°C gesackt. Während die anderen *Musher* im Schutz Shaktooliks zurückblieben, boxte Riddles sich durch – bis zur Dunkelheit. Die nächste Nacht verbrachte sie mit den Hunden auf dem Eis bei heulendem Nordwestwind. »Der Schlitten schaukelte wie toll, und meine Huskys waren am anderen Morgen so tief eingeschneit, dass ich sie kaum finden konnte.« Doch Libby gewann das Rennen. Sie wurde über Nacht zur *First Lady* des Iditarod. Die Welt blickte nach Alaska. Und im nächsten Jahr schon wieder, denn jetzt begann Susan Butchers Stern aufzuleuchten. Insider hatten das schon für 1985 vorausgesagt, doch ein aggressiver Elch auf dem Trail hatte ihr das Rennen vermasselt: Fünfzehn von siebzehn Hunden waren verletzt, zwei tot. Doch Susan gewann 1986, 1987 und 1988. Auch 1990 war sie wieder die *Number One*.

Ja, und warum paddele ich an einem bleischweren Tag allein auf dem Yukon? Mit zerrissenen Fingern, geschwollenem Gesicht suche ich ein Abenteuer, bei dem die Kunst der Beschränkung und Improvisation mein Alltag ist.

Ich greife zum Tagebuch, um ein paar Ereignisse, Empfindungen und Beobachtungen zu notieren. Blutstropfen spritzen aufs Papier. Beim Holzbrechen fürs letzte Lagerfeuer war mir ein spitzer, scharfkantiger Splitter in die Hand gedrungen.

Zu Hause hättest du Zentralheizung mit Thermostat. Die würde dich Kaffee ohne Holzbrösel und Aschepartikelchen genießen lassen. Noch einmal: Warum tust du das? Warum taten und tun das all die anderen immer wieder: Libby Riddles, Susan Butcher, Martin Buser und wie sie heißen.

Ich denke, das Leben ist zu schön, zu intensiv, zu farbenprächtig, als dass ich all seine Nuancen nur hinter einer Mattscheibe sich bewegender, anonymer, bezugloser Bilder erleben möchte.

Wäre es zu hoch gegriffen, wenn ich sage: »Ein Monat auf dem Fluss, ein Monat Freiheit bieten mir mehr Erinnerungswerte, mehr Lebensqualität als ein Jahr in der lauen Konformität eines häuslichen Alltags?« Nein!

Und darum bin ich hier, darum paddele ich auf dem großen Fluss. Die Worte eines alten, bei der langjährigen Arbeit am Paddel ergrauten francokanadischen Kanumannes, eines *Voyageurs*, gehen mir gerade durch den Kopf.

»Vierundzwanzig Jahre hab' ich als Kanumann gepaddelt«, schrieb er. »Keine *Portage* war mir zu lang, fünfzig Lieder hab' ich singen können. Heute bin ich ein alter Mann ... Aber ich bereue keine Stunde meines Lebens. Es gibt nichts, was dem Leben eines *Voyageurs* gleicht.«

Tagebuchnotizen

Während der nächsten Zeit spüre ich stärker als zuvor, welche Bedeutung dem Yukon River als Hauptstraße des Nordens zukommt. Je mehr ich mich dem Beringmeer nähere, desto zahlreicher werden die Ortschaften. Es vergeht kein Tag, an dem ich nicht mindestens eine Siedlung streife …

Montag, 17. Juni – Nachtlager: vor Galena –
Paddelzeit: 5 Stunden

Ich sitze nur einen Meter vom Fluss entfernt, zwischen ihm und mir flackert das Lagerfeuer. Nur wenn eine Böe in die Flammen greift, wirbeln sie und tanzen. Auf der anderen Seite des Yukon leuchten die Berge im Licht der untergehenden Sonne rötlich.

Ich hatte einen schönen Tag. Es begann schon beim Frühstück damit, dass ich mir die Stiefel und Socken ausziehen, die Füße lüften und in die Sonne strecken konnte. Kurios, nicht wahr? Aber es war das erste Mal überhaupt, dass das Wetter solche Trocknungsversuche überhaupt zugelassen hat. Ich glaube, jetzt beginnt endlich der Sommer.

Der Tag war genauso zauberhaft wie die Stimmung der Nacht. Allerdings war am vergangenen Tag die Freude nicht ungetrübt, denn ein Zahn, den ich kürzlich in Salt Lake City hatte plombieren lassen, war halb abgebrochen. Ausgerechnet jetzt. Ausgerechnet beim Alleingang durch die Wildnis.

Um siebzehn Uhr begann ich mit dem Paddeln. Den ganzen Tag über war es windstill und ein fast südländischer Hauch lag in der Luft. Während der letzten Paddelstunde zog ich sogar mein Hemd aus. Witterungsmäßig waren dies die ersten wirk-

lich schönen Stunden auf meiner großen Yukon-Tour. Ich saß lange Zeit im Boot, trieb dahin, träumte, schaute und las die während der letzten Tage verfassten Briefe. Ich hoffe, dass meine Schrift kein zu großes Hindernis für dich sein wird…! Ein wenig wackelig sind die Buchstaben. Aber es sind auch erschwerte Umstände: der Wind, der Ruß des Feuers, manchmal der Staub, die Wasserspritzer und vor allem meine geschwollenen, von Wind, Kälte und Wasser gerissenen Hände, die es mir schwer fallen lassen, schön zu schreiben.

Das Unwetter, das sich am Spätnachmittag durch gezwirbelte und an Atompilze erinnernde Wolken angekündigt hatte, blieb aus. Dafür macht sich der Militärstützpunkt Galena, lange bevor ich ihn erreiche, durch eine Radioantenne, am Ufer picknickende Familien und entfernte Motorgeräusche bemerkbar. Mir ist nicht danach, schon heute die Siedlung aufzusuchen. Deshalb schlage ich oberhalb Galenas mein Nachtlager auf.

Nach dem Essen habe ich einige Zeit still neben dem Feuer gesessen und in die Flammen geschaut. Neben mir dudelt jetzt das Radio, AFN, das Programm für die US-Soldaten.

Die Sonne ist inzwischen untergegangen. Die Wolken über mir sind prall und leuchtend rot, der Wind hat gedreht, er kommt jetzt von vorn und bläst mir den Rauch des Lagerfeuers ins Gesicht.

Dienstag, 18. Juni – Nachtlager: bei Nulato –
Paddelzeit: 8,5 Stunden

Petrus zeigt sich von der freundlichsten Seite. Ein herrlicher Tag. Das lockt natürlich die Insekten. Es bleibt nicht allein bei ihrem Angriffsgebrüll: Während des Frühstücks dröhnen zwei F-15 Air Force Jets so lautstark über mich hinweg, dass ich mich instinktiv ducke.

Mit rund 900 Einwohnern ist Galena größer als die meisten anderen Orte am Yukon. Fast ausschließlich sehe ich weiße Gesichter. Obwohl nur wenige Menschen am Fluss selbst anzutreffen sind, findet sich an den Ufern des Yukon doch erstaunlich viel abwechslungsreiches Leben, vom kleinen Fishcamp bis zur großen Militärbasis.

Wie in den Tagen zuvor sehe ich auch hier Fischräder, große hölzerne Vorrichtungen, die während der Lachssaison zum Fischfang eingesetzt werden.

Ich vertäue Arctic Loon am Ufer und gehe in den Ort. Mein erster Weg führt mich zur Post, bei der man mir einen dicken Briefumschlag aushändigt. Ich setze mich ans Ufer und lese. Bald schon hocken sich zwei Bedienstete des staatlichen Fish & Wildlife-Büros neben mich und plaudern mit mir.

Ich hatte mir gelegentlich Gedanken darüber gemacht, warum Alaskans nicht so spontan auf den Fremden zukommen, wie ich das vom Nordwesten Kanadas gewohnt bin. Liegt es daran, dass hier mehr Menschen an den großen Flüssen leben als dort und dadurch nicht so isoliert sind wie auf der kanadischen Seite, wo man sich über die kleinste Abwechslung im Mitmenschlichen freut?

Nachdem ich wieder allein bin und meinen Brief zu Ende gelesen habe, suche ich den kleinen grocery store auf und kaufe ein. Die Preise sind sehr hoch. Einen Moment zögere ich, ob ich auch Zwiebeln nehmen soll. Kaum größer als eine 2-Euro-Münze, kostet das Stück einen Dollar. Aber in den Packtaschen eines northman haben Zwiebeln wegen ihrer vielseitigen Verwendbarkeit einen Stammplatz. Also kaufe ich sie.

Unterhalb Galenas ist die Strömung stark, doch wohlbehalten passiere ich auch Yistletaw, den gefürchteten scharfen Knick des Flussbettes, vor dem man mich wegen gefährlicher Strudel und kreisender Baumstämme gewarnt hatte.

Gegen Abend bläst aus heiterem Himmel ein starker Wind. Die Wellen gehen hoch und schlagen über meiner Bootsspitze zusammen. Ich beschließe, früher als sonst mein Nachtlager aufzubauen. Es wird ein geselliger Abend der besonderen Art: Ein Biber zieht dicht an mir vorbei und ungeniert läuft eine fette, rotnasige Ratte zwischen meinem Gepäck umher. Es geht auf fünf Uhr morgens zu, als ich in den Schlafsack krieche.

Mittwoch, 19. Juni – Nachtlager: hinter Kaltag –
Paddelzeit: 7,5 Stunden

Mittags erreiche ich Nulato. Kumuluswolken treiben über den Himmel, doch das reizvolle Bild kann mich nicht darüber hinwegtäuschen, dass der Wind eisig ist.

Fast schnurgerade zieht sich der Yukon von Nulato mehr als zwanzig Kilometer nach Südwesten. Ausgerechnet hier packt mich ein starker Gegenwind. Ich habe mein Spritzdeck übergezogen, aber nass werde ich trotzdem: Bis hoch an meine Brust schlagen die Wellen. Endlich taucht Kaltag am Ufer auf. Einige Bewohner beobachten mich beim Vertäuen meines Bootes. Sie grüßen freundlich, doch ihr Ort wirkt grau. Mit einigen Männern, die gerade eine Sammelstelle für Fischeier bauen, komme ich ins Gespräch. Alle sind Indianer, bis auf einen. Stur arbeitet jener vor sich hin und sieht nicht einmal auf. Nachdem ich mich von ihnen verabschiedet habe und schon ein Stück entfernt bin, höre ich, wie ein Indianer den Weißen fragt: »Du bist doch aus Germany, warum hast du dich nicht mit ihm unterhalten?«

Seine Antwort kommt gepresst:

»Germany, das ist lange her, jetzt bin ich Amerikaner, wie ihr.«

Kaltag ist kein Ort, der sich tief in die Erinnerung eingräbt, wenngleich in ihm ein Stück amerikanischer Geschichte geschrieben wurde. Es war zwischen 1865 und 1867, als eine Expedition hier lagerte. Sie hatte aus Washington den Auftrag, Telegrafenkabel Richtung Beringmeer und weiter nach Sibirien zu legen, wo sie an das Netz nach Europa angeschlossen werden sollten. 1866 war der Leiter dieser Truppe, ein Mann namens Robert Kennicott, in Nulato an Herzversagen gestorben. Nicht zuletzt dank des Engagements des erst zwanzigjährigen William Dall, er wurde später ein berühmter Naturforscher, konnte das Projekt dennoch fortgeführt werden. Im Folgejahr allerdings sollte es für die Pioniere eine herbe Enttäuschung geben: Ein anderes Unternehmen war ihnen mit der Verlegung des weitaus profitableren Transatlantikkabels von Amerika nach Europa zuvorgekommen. Trotz allem, die Männer feierten ein Fest in Nulato. Im selben Jahr, 1867, wurde Alaska von den Russen an die USA verkauft.

Donnerstag, 20. Juni – Nachtlager: am Woods Creek –
Paddelzeit: 12 Stunden
Ein Ruck geht durch mein Zelt. Ich bin sofort hellwach. Kräftiges Schnaufen dringt zu mir. Ein Grizzly? Das Tier kann höchstens zwei Meter von mir entfernt sein. Dann das Brechen von Zweigen ... und immer noch dieses Schnaufen! Mit zitternden Fingern ziehe ich meine Flinte zu mir heran. Verdammt ... Warum habe ich sie gestern nicht geladen? Sacht lasse ich sie aus dem Futteral gleiten und schiebe zwei Flintenlaufgeschosse in die Patronenkammern. Das metallische Knacken beim Zuschnappen des Gewehrs lässt die Laute draußen für einen Moment erstarren. Ich ertaste den Reißverschluss, öffne ihn behutsam und sehe wenige Meter vor mir einen mächtigen Elch. Er

schaut nur kurz irritiert auf und läuft keine zehn Meter fort, um friedlich weiter zu grasen.

Es ist warm und windstill, als ich am frühen Nachmittag wieder im Boot sitze. Dort, wo Little Eightmile Island den Fluss zerteilt, folge ich einem schmalen Seitenarm. Eine gute Eingebung. Plötzlich sehe ich ein hellbraunes Pelzknäuel am Ufer: Ursus horribilis, *ein Grizzly! Nein zwei, drei. Vor mir steht ein Muttertier mit zwei Jungen! Als die Bären mich wahrnehmen, klettern sie schnell am Ufer hoch und verbergen sich hinter Bäumen. Erst als ich ein Stück abgetrieben bin, treten sie wieder ins Freie.*

Mein Gott, ist das heiß! Ich habe das Gefühl, als wäre meine verbrannte Nase ein glühender Kolben. Der Fluss ist langsamer geworden. Trotz kräftigen Paddelns komme ich zur Zeit kaum voran.

Mit etwas Glück finde ich ein flaches, mit Kieselsteinen bedecktes Fleckchen, auf dem ich mein Zelt baue. Noch lange bleibe ich an diesem Abend am Lagerfeuer sitzen. Ich schreibe einen Brief, wärme mich zwischendurch an den Flammen und bekomme zu einer Zeit Appetit, da die ersten Alaskans sich zum Tagwerk rüsten. Ich habe mir noch Bannocks zubereitet; sie sind heute bei den Paddlern in der Wildnis ebenso beliebt wie 1790 zur Blüte des Pelzhandels. Zum Glück ist es nicht viel, was ich für die Herstellung dieses Buschbrotes benötige: Mehl, Salz, ein wenig Zucker, Margarine und natürlich Backpulver. Mit etwas Wasser verrührt und um frische Weidenzweige geknetet, die ich über heißer Glut drehe, erhalte ich vorzügliche Brötchen. Den gleichen Teig kann man, allerdings etwas flüssiger, in einer gut gefetteten Pfanne auch auf dem Lagerfeuer als Pfannenbannock zubereiten.

Nachdem ich zufrieden und satt in mein Zelt gekrochen bin, lege ich heute die geladene Flinte neben mich. Erfahrung macht klug.

Freitag, 21. Juni – Nachtlager: hinter Grayling –
Paddelzeit: 9 Stunden
Wieder ist es heiß. Auch heute paddele ich ohne Hemd. Wer hätte das vor drei Wochen gedacht! Ein lauer Wind erfasst mich von hinten und drückt mich den Fluss entlang. Alles geschieht ohne Kraftanstrengung. Der Himmel ist klar. Erst spätabends bilden sich schwarze Wolken. Aus einzelnen dieser Wolken geht ein feiner Sprühregen nieder, der den Himmel wie mit Bleistift schraffiert erscheinen lässt. In diesem unheimlichen Licht passiere ich das Dörfchen Grayling. Ein Ort für starke Nerven. Lang gezogenes Huskygeheul dringt von dort über den Fluss.

Das heutige Grayling ist ein noch junger Ort. Erst 1962 waren fünfundzwanzig Familien von Holikachuk, einer nicht weit entfernten Siedlung, nach hier umgezogen. So begann neues Leben in dem alten, verlassenen Grayling, in dem bereits im Jahr 1900 ein Leutnant Cantwell, der im Auftrag der Regierung alle Yukon-Dörfer besuchte, fünfundsiebzig Menschen gezählt hatte. Heute leben mehr als 200 hier.

Sonnabend, 22. Juni – Nachtlager: vor Holy Cross im Sumpf –
Paddelzeit: 8 Stunden
Sonne und stehende Wärme jagen mich gegen zehn Uhr vormittags aus dem Zelt. Draußen fallen die Moskitos über mich her. Was bin ich heute kaputt! Froh, endlich auf dem Wasser und den Moskitos entronnen zu sein, ist das Paddeln eine Wohltat. Zum gleichmäßigen, vertrauten Auf und Ab des Holzes drehen sich meine Arme wie Windmühlenflügel. Viel Abwechslung gibt

es nicht. Fast gerade zieht sich der Yukon nach Süden. Nachmittags höre ich lauten Motorenlärm. Ob das schon Anvik ist?

Die kleine Niederlassung liegt an der Mündung des Anvik River und ist vom Yukon aus nicht zu erkennen. Das Erste und auch das Eindrucksvollste, was ich vom Ort sehe, ist ein großes Gebäude mit der Aufschrift Hotel. *Während ich mein Kajak zwischen Motorbooten vertäue, kommt ein Weißer auf mich zu.*

Er begrüßt mich mit Handschlag: »Hi, I am Jim, *ich bin der Besitzer des Hotels.«*

Anvik hat zwar heute nur noch hundert Einwohner, Jim behauptet aber, dass es der prächtigste Ort am Yukon sei. Ich gehe ins Hotel und fülle meine Wasserflaschen auf. An der Bar sitzt ein Alter, der sich nicht davon abbringen lässt, älter als neunzig Jahre zu sein. Dafür stemmt er die Bierdose aber noch recht sportlich …

1887 hatten Missionare hier auf der einem Indianerdorf gegenüberliegenden Flussseite die Christ Church Mission *errichtet. Waisenkinder von weit her, bis hin nach Fort Yukon, fanden so ein neues Zuhause.*

Noch in den 20er Jahren des 20. Jahrhunderts ging es recht geschäftig in Anvik zu, Schaufelraddampfer, die zwischen dem Beringmeer und dem oberen Yukon verkehrten, stoppten hier und nahmen Holz für ihre gefräßigen Maschinen auf. Diese Sternwheelers *brachten Geld, denn mit ihnen kamen auch die Händler, um Pelze und Fisch zu kaufen. Die wenigen Einwohner heute leben überwiegend von der Jagd, vom Fischfang und dem Fallenstellen. Kurz, von dem, was das Land ihnen gibt.*

So klar und sonnig der Tag war, so unvermittelt schlägt abends das Wetter um. Sturm kommt auf. In der Ferne meine ich Gischt und weiße Reiter von Stromschnellen zu erkennen. Rapids? Keiner hatte mir etwas davon gesagt. Eilig gehe ich ans rechte Flussufer. Doch ein Anlegen ist unmöglich, denn ähnlich wie in den Mangrovensümpfen des Südens stehen die Bäume hier tief im Wasser. Endlich, an einer erhöhten Stelle finde ich im tiefen Moos einen brauchbaren festen Platz. Kaum steht mein Zelt, bricht auch schon ein kräftiges Gewitter los. Jetzt, nach dem Regen, habe ich mich ans Wasser gesetzt, das langsam, glucksend und kreiselnd an mir vorbeizieht. Rechts neben mir beobachte ich ein Stachelschwein. Vor mir zieht eine Bisamratte durchs Wasser, und nicht weit entfernt äst eine Elchkuh mit ihrem staksigen Jungen. Das kriegerische Geheul der Moskitos wird gelegentlich übertönt durch einen mir unbekannten Vogelruf, der wie gurrendes Lachen klingt.

700 Pfund Lachs auf einen Streich

Die Stromschnellen unterhalb meines Camps entpuppen sich als mäßige Wirbel, hervorgerufen durch unmittelbar unter der Wasseroberfläche gelegene Sandbänke. Der Sturm des Vortages hat nachgelassen, nur dann und wann regnet es noch. In Höhe der etwa 300 Einwohner zählenden Siedlung Holy Cross reißt plötzlich der Himmel auf. Schlagartig wird es wieder heiß.

Eigentlich hatte ich vorgehabt, in Holy Cross anzulegen. Schon aus Neugier wegen des klingenden Namens. »Heiliges Kreuz«, woher diese Bezeichnung wohl stammt? Vielleicht von russischen Pelzhändlern, die bis hierher ins Innere Alaskas vorgedrungen waren? Die Ankunft in den Yukon-Orten war bislang so etwas wie ein Höhepunkt meiner Flusstage gewesen. In wie vielen ich schon gewesen war! Carmacks, Dawson City, Fort Yukon, Galena und viele andere. Trotz gewisser Gemeinsamkeiten waren sie alle sehr unterschiedlich. Dass ich an diesem Tag nicht anlege, liegt wohl daran, dass ich die Windstille, den ruhigen Fluss und die sommerliche Hitze genießen möchte. Vielleicht bin ich auch nur träge… So ist das Einzige, was ich von Holy Cross sehe, das Glänzen ferner Metalldächer.

Ich habe gerade das südliche Ende von Salmon Island erreicht, als ich drei Motorboote trotz des Flimmerns über dem Wasser erkennen kann. Sie rasen auf mich zu. Erst fünfzig Meter vor mir drosseln die Fahrer ihre Motoren.

Im Schritttempo nähern sich die Boote meinem Kajak. Fünf Männer sitzen darin. Sie grüßen.

»Wir haben vom Ufer aus ein ständiges Blitzen in der Luft gesehen, konnten uns keinen Reim darauf machen und sind deshalb vorbeigekommen.« Wir rätseln eine Weile. Letztlich verdichtet sich die Vermutung, dass meine blanken Paddel in der Luft wie Spiegel reflektiert haben müssen.

»*By the way*, wo wir schon hier sind, können wir dir ja was Anständiges zu trinken anbieten.«

Einer meiner Besucher bückt sich, und taucht mit einer Pepsi-Cola-Dose und einer Flasche Rum wieder auf.

»Halt, nicht soviel Rum, ich habe heute noch zu paddeln.«

»Ach, heute ist Vatertag, das müssen wir feiern.«

»Ist einer von euch schon Vater?«

Lautes Lachen als Antwort.

»*Hey*, ihr *guys*, könnt ihr ein Foto von mir machen? Ich habe immer das Problem, mein Stativ aufzubauen, wenn ich mitten auf dem Wasser bin.«

»*No problem*. Gib mir die Kamera.«

Einer der Burschen, der sich als Nick Demientieff vorgestellt hat, streckt die Hand nach meiner Kamera aus, macht ein Foto, spannt den Film etwas schwungvoll und reißt ihn dabei aus der Filmpatrone. Offensichtlich war's das letzte Foto gewesen. Was nun?

»Ich brauche einen dunklen Platz, an dem ich den Film wieder in die Patrone hineinfingern kann.«

Im Zelt und im Busch wird es jetzt nie richtig dunkel. Die ersten finsteren Nächte sind nicht vor Mitte September zu erwarten. Doch so lange kann ich nicht warten.

Billy, ein stämmiger, schwarzhaariger Bursche, schlägt vor, ich solle zum *Fishcamp* seines Vaters kommen. »In der Hütte findest du schon eine dunkle Ecke.« Einverstanden. »Und wie finde ich die Hütte?«

Billys Bruder Evan, ein stiller Typ, die ganze Zeit damit beschäftigt, ein Sprechfunkgerät zu reparieren, sieht auf:

»In einer Stunde wirst du am rechten Ufer einige Holzhütten sehen, kurz hinter einer großen Insel, die wir Horse Island nennen.«

Wir treiben noch immer auf dem Fluss. Billy erzählt, dass er eigentlich in Kotzebue, im Westen am Beringmeer lebe. Aber am letzten Donnerstag sei hier für rund zwei Wochen die kommerzielle Lachsfangsaison eröffnet worden, und da wolle er seinem Vater helfen.

»Wieso, lässt man euch denn während der übrigen Zeit nicht fischen?«

»*Yeah*, aber nur für den eigenen Bedarf, für die Hunde und zum Anlegen des Wintervorrats. Weiterverkaufen dürfen wir die Fische nicht.«

»Sag mal, Billy, du bist extra von Kotzebue nach hier geflogen, um ein paar Tage lang Fische aus dem Wasser zu ziehen. Lohnt sich der Aufwand?«

Er lacht: »Im letzten Jahr haben wir innerhalb von zwei Tagen für 20000 Dollar Lachs aus dem Yukon geholt.«

Aber er sagt auch, dass es selbst hier keine Garantie für ein gutes Geschäft gibt. Zwar blieben die Fische nie ganz aus, aber sie könnten früher oder später, vor oder nach der Fangsaison kommen, oder sie könnten gerade dort entlangschwimmen, wo die Nachbarn und nicht sie ihre Fangplätze hätten.

»Wenn du willst, kannst du heute Abend zum Netzeinholen mitfahren.«

Das klingt wie Musik in meinen Ohren!

Das *Fishcamp* der Newmans befindet sich unterhalb des Ta-

Fishcamp der Familie Newman

bernacle Mountains. Ich habe den Platz noch nicht ganz ausgemacht, als ein schweres Motorboot vom Ufer her in voller Fahrt mit erhobenem Bug auf mich zuschießt. Drinnen ein älterer kleiner Mann. Er winkt mir zu:

»Hallo, meine Söhne Billy und Evan haben mir von dir erzählt. Ich habe dich vom *Camp* aus beobachtet... Du hältst dich zu dicht am Ufer!«

»Weil ich euer *Camp* suche. Vom Fluss sieht alles nur grün aus. Ein paar *Cabins* in der Wildnis auszumachen, ist schwerer, als eine Nadel im Heuhaufen zu finden.«

Der alte Maurice Newman lacht. Er sei mir entgegengekommen, um mich an den Strudeln in Ufernähe vorbeizulotsen. »Siehst du die Baumstämme dort?« Er erhebt sich und deutet in die Richtung des Ufers.

»Die drehen sich immer nur auf der Stelle. Ein verdammt tückisches Wasser! Wenn du da mit deinem Kajak reinkommst, brauchst du Glück, viel Kraft und vielleicht 'ne Stunde Zeit, um aus dem Strudel rauszukommen.«

Ich folge Maurice Newman in die Blockhütte, ein kleines Gebäude, in dem in einem einzigen Raum Küche, Wohnzimmer und Schlafstelle für die ganze Familie untergebracht sind. An der Wand lehnen Gewehre. Evan, der in einer Ecke steht, sieht kurz hoch, lächelt und wendet sich dem auseinander genommenen Bootsmotor zu seinen Füßen zu. Wie vorhin im Boot.

Ein fantastisches Durcheinander herrscht in der Hütte. Aber irgendwie ist es doch ganz gemütlich. In der Mitte bullert ein Holzofen, auf dem die Hausfrau gerade in einer großen Pfanne Lachs brät. Man hat sie mir nicht namentlich vorgestellt, und so nenne ich sie der Einfachheit halber *Mum* Newman. Sie ist eine Inuit-Frau, eine kräftige, freundliche und höchst selten sprechende Person. Wann immer ich sie sehe, trägt sie ein rotes, vom Schneiden und Säubern der Lachse speckig gewordenes Kleid und ein Kopftuch.

Mmmh, ihr Lachs ist großartig. Wir sitzen an einem einfachen Holztisch und essen. Billy, der sich zur Mahlzeit einfindet, sagt, während der Tage des kommerziellen Lachsfangs würde auf dem Yukon rund um die Uhr gearbeitet. Und ständig seien die Flugzeuge der Lachsaufkäufer über dem Fluss zu hören.

»Du wirst noch einiges mitbekommen. Der Lachs-Count-Down hat gerade erst begonnen.«

Für das Pfund ungesäuberten Fisches werden zur Zeit rund 1.50 Dollar gezahlt. Der Preis steigt, je dichter der Lachs am Meer gefangen wurde. Mit nur einem Netz zwischen 500 bis 1000 Pfund Lachs aus dem Yukon herauszuholen, sei durchaus keine Seltenheit. Doch ich höre auch, dass das Preisspiel immer auch ein Glücksspiel ist, denn Angebot und Nachfrage sowie die internationale Konkurrenz bestimmen wie überall, so auch in diesem Geschäft den Preis. »Es gibt Zeiten, da sind wir froh, wenn wir vierzig Cent pro Pfund Lachs erhalten«, vertraute mir Maurice Newman einmal an.

»Manchmal allerdings sind die Netze so voll und schwer, dass du die am Netzrand angebrachten Schwimmer nicht mehr auf dem Wasser sehen kannst.«

Während Billy das sagt, sieht er mit Dollar verklärtem Blick in die Ferne.

Schüsse unterbrechen uns. Zweihundert Meter von der Hütte entfernt jagt ein Motorboot über den Fluss. »*Fucking Troopers*«, kreischt jemand. »Wenn meiner Frau etwas passiert, bringe ich euch alle um!« Der Rest des Gebrülls geht unter im Gedröhn des sich entfernenden Motors. Wenige Minuten später rast ein Schnellboot mit zwei *State Troopers*, Polizisten, hinter ihm her. Abends hören wir, dass der Mann selbst im Suff seine Frau misshandelt und verletzt habe.

»Normalerweise gibt's hier bei den Sommer-Camps keine Polizei, aber jetzt ist ja Lachssaison...« Daddy Newman sagt das, als wäre damit alles erklärt.

Nachdem ich mich in der dunkelsten Ecke der Hütte ins Innere meines Schlafsackes verkrochen und meinen herausgerissenen Film in die Patrone zurückgespult habe, meint Billy, es sei Zeit, die Netze einzuholen. Wir steigen ins Motorboot und lassen uns von fünfzig prächtig arbeitenden Pferdestärken flussaufwärts tragen. Mit einem Netz ziehen wir vierzehn große Lachse hoch. Einige haben mehr als vierzig Pfund Gewicht. Trotzdem ist Billy nicht zufrieden. »Der Fang hätte besser sein können«, brummt er.

Das Camp der Newmans ist nicht das einzige hier. Am Abend

kommt ein Cousin aus der Nachbarschaft vorbei, der als US-Soldat in Deutschland gewesen war.

»Wo?«

»In *Bavaria*.«

Cousin Harold berichtet mit vor Stolz geschwellter Brust von seiner Bierbrauerei, die er für den Hausgebrauch gebastelt habe. Donnerwetter, ein Jahr im Einzugsbereich der Welthauptstadt des Bieres reicht offenbar aus, um Münchener Leidenschaften in den tiefsten Busch Alaskas zu exportieren!

Ansonsten, höre ich, sei die Gegend von Holy Cross ein *dry place*, ein verdammt trockener Platz – ohne Alkohol.

»Und woher ist das Zeug, das alle Welt gerade in sich reinkippt?«

Billy berichtet davon, dass die Ortsversammlung von Holy Cross zwar den Alkoholverkauf strikt untersagt habe, ein Geschäftsmann sei jedoch extra nach Fairbanks geflogen und habe seine Zweimotorige bis unters Dach voll *booze* gepackt. Mit dem Ergebnis, dass fünfzig Prozent aller Einwohner von Holy Cross und Umgebung heute am Vatertag »unter Dampf« stehen. Ich gehe raus zu *Mum* Newman.

In einer Hütte, in der der Lachs bei leichtem Rauch von Pappelholz geräuchert wird, ist sie dabei, Fische mit dem traditionellen *Ulu*, einem halbrunden Schneidemesser, in schmale Streifen zu schneiden. Unentwegt ist sie bei der Arbeit – auch wenn die Männer palavern.

»Hast du Lust, mit uns Nachbarn zu besuchen?« Billy ist zu uns getreten. »Na klar, *let's go*!«

Wir gehen hinüber ins Nachbarcamp. Unsere Gastgeberin dort ist eine Indianerin, deren Alter ich zwischen fünfunddreißig und fünfzig schätze. Offenbar hat sie schon diverse Biere in ihren drallen Bauch gekippt. Aber noch nicht so viel wie ihr

Mann, der in einer Ecke der Hütte liegend selig aber teilnahmslos vor sich hin grinst.

Die Frau, überdreht und quicklebendig, bestaunt meine Pfeife. In einem Moment der Unaufmerksamkeit drückt sie mir schmatzend einen Kuss auf die Wange.

»Zum Vatertag«, sagt sie. »Wie viele Kinder hast du denn?«

»Keine«, sage ich.

»Dann wird's aber Zeit!«

Dröhnendes Gelächter der Übrigen.

Ihre etwa 16jährige Tochter ist dazugekommen, ebenso eine Schwiegertochter, die als Lehrerin in Holy Cross arbeitet. Wir setzen uns auf wacklige Stühle. Unsere rundliche Gastgeberin serviert *Agudak,* indianische Eiscreme. Ich frage, wie sie das Eis zubereite.

»Ganz einfach, nimm einen Lachs und zerstampf ihn, verrühr ihn mit Bärenfett und gib Früchte dazu.«

Als wir uns verabschieden, besteht sie darauf, dass ich ihr eine Haarlocke von mir dalasse. Nach kurzem Zögern willige ich ein. »Aber ich schneide sie selbst ab...«

Beglückt betrachtet sie das Büschel Haare: »Eines Tages kehrst du hierher zurück.«

Ruhiger geht es am Abend zu, als wir mit Nachbar John vor der Hütte der Newmans sitzen. Es ist urgemütlich. Billy hat ein paar Dosen Bier auf den Tisch gestellt. John ist verwundert, dass wir in *Germany* nicht Englisch sprechen. Und wie heißt euer *German Dollar*, fragt er. Von Deutscher Mark oder gar Euro hat er nie gehört. Ehrfurchtsvoll befingert er während der Unterhaltung meine Schrotflinte mit Gravur: »*.... oh, what a dandy gun.*«

Die Newmans hatten mich eingeladen, in ihrer Hütte zu schlafen. Platz wäre sicherlich irgendwo gewesen, doch ich ziehe es vor, draußen zu sein. Sehr früh morgens werde ich wach. Ein heftiger Wind beutelt meine Zeltwände. Ob ich heute wohl loskomme?

Nein! Und auch während der nächsten beiden Tage nicht. Der Fluss spielt auf einmal verrückt. Dieser Witterungsumschwung ist sicher einer der größten Glücksfälle meiner Reise. Ich habe in diesen Tagen mehr vom Leben am Fluss erfahren, als bei den meisten Aufenthalten zuvor.

Daddy Maurice erzählt, jeder der alaskanischen Ureinwohner hier, der *natives*, dürfe pro Jahr zwei Elche schießen. Die gäbe es in Hülle und Fülle. Aber am liebsten plaudert er von den Lebensgewohnheiten der Lachse. Wie sie nach Jahren im Meer plötzlich einer Stimme der Natur gehorchen und Tausende von Kilometern vom Beringmeer oder Pazifik zurück in die großen Flüsse des Nordlandes und letztlich in deren kleine Quellwasser zurückfinden. Dorthin, wo sie einst selbst das Licht der Welt erblickt hatten, ziehen sie zurück, pflanzen sich fort und sterben.

»Schade um den schönen Fisch, aber bevor es so weit ist, haben wir einige von ihnen gefangen.«

Mehr als 100 Millionen, gelegentlich bis zu 125 Millionen Lachse sind es jährlich, die zur zweitgrößten Einnahmequelle Alaskas wurden. Elf Tage brauchen die Lachse vom Beringmeer bis zu den Newmans. Rund vierzig Kilometer schwimmen sie pro Tag gegen die Strömung. Ich höre, dass der nahe dem Meer gefangene Fisch am besten sei. Da er auf seiner langen Wanderung aufhört zu fressen, ist er zum Beispiel in der Gegend von Whitehorse schon hässlich, pilzbesetzt und kaum noch genießbar.

Am selben Tag holen wir mit einem einzigen Netz 700 Pfund Lachs aus dem Wasser. Als wir unser *Camp* erreichen, schneidet

Mum Newman noch immer unermüdlich Lachs in Streifen, hängt sie auf und legt Holzscheite auf das schwelende Feuer.

Abends ist sie die Erste, die unter das Moskitonetz auf die hölzerne Bettstelle kriecht. Sie macht das ohne großen Aufwand, ohne Feuchtigkeitskreme für die Nacht und ohne sich in ein Nachthemd zu zwängen: Sie bleibt einfach in ihrem roten, vom Fisch speckigen Kleid. Ich habe mir schon längst abgewöhnt, alles mit der vertrauten Elle der bürgerlichen Geordnetheit zu messen.

Während *Mum* schläft, sitzen wir Männer noch zusammen. Irgendwann kommt das Gespräch auf die Unterschiede im Leben hier und *down south*, bei denen da unten. Daddy Newman schmunzelt über die »geschniegelten Affen«, wie er sie nennt, in der Fernsehserie *Dallas* und anderen Seifenopern, die sie auch in Holy Cross über Satelliten empfangen können. Und irgendwann habe er mal im TV gesehen, wie jemand Kaffee aus feinem Por-

Mum Newman in ihrem Element

zellan getrunken habe, und dabei hätte der doch tatsächlich den kleinen Finger gespreizt... Dad Newman greift nach seinem Blechbecher und versucht, das Gesehene zu imitieren, was brüllendes Gelächter hervorruft.

Eine meiner nachhaltigsten Begegnungen hier ist die mit Holly. Sein Alter kann ich nur schwer schätzen. Zwischen fünfzig und sechzig vermute ich. Aber er manövriert sein schweres Motorboot wie ein junger Bursche, springt elastisch an Land und setzt sich mit der Vertrautheit eines guten alten Bekannten zu uns an den Tisch.

»Holly Pingajak«, stellt er sich mir vor und reicht mir mit festem Druck die Hand. Über seinen schmalen Wangenknochen wölbt sich eine mächtige Brille mit schwerem Gestell. Noch dazu schwarz. Mehr tiefe Falten durchziehen seine lederartige Gesichtshaut als ich Stoppeln von seinem Drei-Tage-Bart entdecken kann.

»Habe mein Lebtag als Fischer und Jäger gearbeitet.«

Holly geht rüber zum Küchenregal, auf dem die Thermoskanne steht und gießt sich ein.

Er sei Yup'ik-Inuit, hatte Maurice mich vor seiner Ankunft unterrichtet, er lebte in einem der zehn von Yup'ik bewohnten Dörfern zwischen Russian Mission und dem Beringmeer. Wie auch Maurice' Familie lebt er von *subsistence*, von dem was das Land gibt.

»Was sollen wir sonst machen?« Holly legt den Kopf zur Seite und sieht mich an.

Maurice nickt.

»Feste Jobs sind rar, es gibt vielleicht ein paar bei der Schulverwaltung, im Straßenbau, im Sommer, um die Wege auszubessern, im Winter, um sie von Schnee freizuhalten.«

Knapp 5000 Yup'ik leben in einem Land, das Dreiviertel der Gesamtfläche der Bundesrepublik Deutschland entspricht.

»Viele von uns jagen und fischen noch immer nach den alten Regeln unseres Volkes«, sagt Holly. »Allerdings mit gewissen Variationen, weil die heutige Zeit doch eine andere ist…« Er lächelt, und dann erzählt er.

Nicht lange sei es her, da habe einer aus seinem Dorf einen großen Seehund an der Küste ausgemacht:

»Im Nu waren wir mit sechs oder sieben Booten draußen«, erinnert sich Holy, »Motorbooten, wohlgemerkt. Wir hatten wohl ein Dutzend Harpunen dabei. Doch der Seehund war clever, er tauchte ab… Nützte ihm aber nichts!« Holly grinst.

»Als er hoch kam, um Luft zu schnappen, schleuderten wir die Harpunen. Und blitzschnell war der Bursche wieder weggetaucht. Dieses Auf und Ab wiederholte sich mehrmals. Doch die Intervalle wurden jetzt kürzer. Der Seehund brauchte Sauerstoff und wurde offenbar müde. Da traf ihn die erste Harpune, dann die zweite und die dritte.«

Holly Pingajak blickt triumphierend in die Runde.

»Wir schleppten ihn zum Ufer. So etwas ist immer ein Grund für ein kleines Fest. Unter den Augen der Dorfältesten wurden die Fleischstücke und das Fett des Seehunds verteilt.«

Holly wendet sich jetzt mir zu: »Du musst wissen, dass wir auch dafür traditionelle Regeln haben. Derjenige, der als Erster mit seiner Harpune einen Treffer erzielt hat, bekommt die besten Stücke, den Rücken und auch das Fell. Der zweite erfolgreiche Schütze die Brust und die Innereien. Und so geht das weiter. Ein Seehund ist ein großes Tier und für viele aus unserem Dorf fällt nach einer erfolgreichen Jagd etwas ab.«

»Wir leben zwar nach den Spielregeln des weißen Mannes,

aber vieles in unserem Leben wird noch immer von Traditionen bestimmt«, fügt Maurice Newman hinzu.

»Bei uns Alten«, korrigiert er sich. »Weniger bei den Jungen«, setzt er mit einem Blick auf Billy nach, der sich eine weitere Dose Budweiser genehmigt.

»In der traditionellen Sprache der Yup'ik wurden die Monate nach den wichtigsten Ereignissen im Leben unseres Volkes benannt«, nimmt Holly den Faden erneut auf.

»Juni heißt bei uns *Cupvik*, was Eisaufbruch auf dem Fluss bedeutet. *Nurarcurvik* bedeutet Monat der Karibujagd und entspricht dem August. Den Oktober nennen wir *Uksurvik*, was bedeutet, das es Zeit ist, ins Wintercamp zu ziehen.

Heute leben alaskanische Eskimos – hier spricht man gewöhnlich nicht von Inuit, im Unterschied zu Kanada – längst nicht mehr in Iglus, und das Kajak für den Fisch- und Seehundfang hat längst ausgedient. Auch in den entlegenen Regionen wohnen die *natives* heute in komfortablen Holzhäusern, und in ihren Kühlschränken befinden sich Waren, die auch in den *grocery stores* von Kalifornien oder Florida zu finden sind.

Doch das sind nur die äußeren Rahmenbedingungen. Vor rund zweieinhalb Jahrhunderten lebten etwa 80 000 Ureinwohner in Alaska; die nördlichen Eskimos (Inupiat), die südlichen Eskimos (Yup'ik), die Aleuten und Indianer.

Als der Forscher Vitus Bering erstmals Alaska erreichte, gehörten 10 000 Eskimo zum Stamm der Inupiat, was soviel heißt wie Menschen, fast die Hälfte davon lebte im Norden nahe dem Kotzebue Sound. Die Yup'ik mit ihrem Verbreitungsgebiet zwischen Norton Sound und Bristol Bay, waren mit 30 000 Menschen die größte Bevölkerungsgruppe Alaskas. Trotz der riesigen Entfernungen war ihre Sprache das sie verbindende Glied:

Yup'ik. Es gab und gibt noch immer große Untergruppen, die sich auf das Yukon-Kuskokwim-Delta, den Prince William Sound und das Kodiak-Archipel verteilen, wo letztere sich allerdings als Alutiiq bezeichnen.

Iglus waren auch schon vor dem Kontakt mit den Weißen die große Ausnahme; allenfalls zum Überleben in Notsituationen schätzte man sie. Gewöhnlich lebte man in vier mal fünf Meter großen Erdhütten, die zum Schutz gegen die arktische Kälte durch einen unterirdischen Tunnel betreten wurden.

Wie in allen Kulturen der Welt, war auch der *Alaskan Way of Life* der Indianer durch das Nahrungsangebot bestimmt. Wobei es da in Alaska größte Unterschiede gibt. Südostalaska hatte den Tisch der Natur überreichlich mit Lachs, Krabben, Wild und vielen Früchten gedeckt. Das ließ den Stämmen der Tlingit, Tsimshian und Haida Zeit, eine hohe Kultur und eine eindrucksvolle Handwerkskunst zu entwickeln; man denke nur an den reich verzierten Totempfahl. Die Athabasca Indians in Zentralalaska hingegen waren Nomaden, die ständig auf der Suche nach Nahrung den migrierenden Karibuherden und den Elchen folgten. Im Sommer fingen sie Fische oder jagten Enten und Gänse.

Aleuten, sie selbst nennen sich *Unungan*, heißen die wind-, wetter- und seeerfahrenen Urbewohner der nach ihnen benannten Inselkette an der Schnittstelle von Pazifik und Beringmeer. Sie stellen die drittgrößte Bevölkerungsgruppe Alaskas.

Das Meer war ihr Leben, es gab ihnen alles, was sie benötigten: Öl für die Lampen, Essen und Kleidung; aus Seehunddärmen fertigten sie beispielsweise ihre Regenparkas. Doch dann kamen russische Pelzhändler. 1759 nahmen sie die Inseln und damit auch ganz Alaska für den Zaren in Besitz. Niemand fragte die Aleuten-Bewohner, was sie davon hielten. Sie wurden gedemütigt, viele wurden versklavt und als Robbenschlächter auf die Pribiloff Islands tief im Beringmeer verschleppt. Auch der Übergang des Landes an die USA brachte den Unungan mehr als ein Jahrhundert lang keine Vorteile.

Waren es damals Pelze, welche die Neuankömmlinge für den russischen Zaren kassierten, blickt heute die fischhungrige Welt begierlich auf den unermesslichen Fischreichtum der Aleuten-Inseln.

Stolz sind die Menschen dort allerdings darauf, dass es ihre Vorfahren waren, die Alaska seinen Namen gaben. Sie nennen die Alaska Peninsula, in deren Verlängerung die Aleuten beginnen, *Alaxsxa*, was soviel heißt wie das Festland. Russische Pelzhändler verstümmelten den Begriff und machten daraus *Alyaska*. So leitet sich der heutige Name Alaska her.

Ruhe ist eingekehrt in Daddy Newmans *Fishcamp*. *Mum* liegt längst im Lachs bekleckerten Kleid unter dem Moskitonetz und schnarcht leise. Evan repariert das Sprechfunkgerät, Billy untersucht den verbliebenen Schatz der letzten kalten Budweiser. Gelegentlich rauscht es am Fluss, wenn unterirdische Wasserstrudel wie eine Blase aufplatzen und in die kalte Luft über dem Yukon spritzen.

Holly kratzt sich die Bartstoppeln am Kinn: »Erst 1971 mit dem *Alaska Native Claim Settlement Act* bekamen wir Rechte, aber auch eine Kompensation für das was man uns *natives* genommen hat.«

»Rund 960 Million Dollar und knapp 180 000 Quadratkilometer Land«, setzt Daddy Newman hinzu.

Grob die Hälfte der Größe der Bundesrepublik Deutschland, geht es mir durch den Kopf.

»Von der Bevölkerungszahl her liegen wir heute bei 90 000

natives in Alaska, damit sind wir rund 10 000 mehr als bei unserer ersten Begegnung mit den russischen Eroberern.«

Holly lächelt. »Aber glaub' mir, unser Leben ändert sich dramatisch. Wir sind zwar noch Jäger und Fischer, aber du findest unsere Leute auch an den Computern großer Firmen oder auf den Pilotensitzen von Buschflugzeugen.«

Ich weiß, dass Alaskas Ureinwohner seit 1924 auch formaljuristisch Bürger der USA sind, und das geschah kollektiv durch den *Citizen Ship Act*. Doch bei aller positiven Perspektive, die Holly und Maurice mir zu vermitteln versucht haben, weiß ich doch, dass trotz staatlicher Hausbauprogramme und Besitzanerkennungen, die Arbeitslosigkeit in den Siedlungen der *natives* extrem hoch ist. Was bleibt ihnen anderes übrig als *subsistence* zu leben.

Ich stelle allerdings auch ihr gestärktes Selbstbewusstsein fest, insbesondere im benachbarten Kanada, wo die Ureinwohner sich selbst als *First Nations*, als »die ersten Nationen« bezeichnen. Im Northwest Territory erlangten sie 1999 einen bravourösen Sieg, indem ihnen unter der Bezeichnung Nunavut Territory ein Viertel der gesamten kanadischen Landmasse zugesprochen wurde. In diesen unermesslich riesigen arktischen Weiten leben nur 25 000 Einwohner!

Nach den Tagen der herzlichen Gastfreundschaft fällt der Abschied schwer. Maurice Newman gibt mir noch einen Tipp mit auf den Weg:

»Falls ein Grizzly dich angreifen sollte, schieß ihm in den Buckel. Dann kann er sich nicht mehr bewegen und dir gefährlich werden.«

Besten Dank, *Dad* Newman, aber ich hoffe, dass es nie so weit kommt.

Als ich wieder im Boot sitze, überlege ich mir, ob ich so leben könnte wie meine Gastgeber und ihre Nachbarn. Ich denke schon. Ich könnte es. Juliana hat mir oft gesagt, dies Leben sei ihr zu derb. Nicht die Einfachheit, die groben Möbel, das offene Feuer – daran würde sie sich gewöhnen. Nein, sie stößt der Müll, der Unrat am Rande mancher Siedlungen ab, und die derben Kraftausdrücke, die häufig jeden dritten Satz zu unterstreichen scheinen. Und dann außerdem gebe es das Dauerproblem mit dem Alkohol. Als ich mich von Billy verabschiedete, hatte er gesagt, in fünf Tagen werde er nach Kotzebue zurückfliegen. Eine Zwischenlandung mache sein Flugzeug; die Zeit dabei reiche für fünf Biere und mindestens vier doppelte Whiskys.

Meine Tage bis zum Ziel sind gezählt. Nur noch gut 400 Kilometer wären es in direkter Linie bis zum Beringmeer. Ein wehmütiges Gefühl überkommt mich.

Was kommt danach? Okay, du fliegst nach Anchorage, versuchst einen *lift* per Auto zurück zu deinem Audi in Carmacks zu kriegen. Dann marschierst du auf der Canol Road durchs Northwest Territory. Aber irgendwann erwischt dich das Ende des Sommers doch…

So sehr ich mich auf das Wiedersehen mit Juliana freue, ich weiß nicht, wie ein Leben ohne Flüsse, ohne die Stille des Nordens und das Trompeten der Wildgänse für mich möglich sein wird.

Briefe vom Ende der Welt

30. Juni
Im Yukon-Delta

Liebe Juliana,

schon geraume Zeit habe ich nicht mehr zur Feder gegriffen, um dir von meinem Leben zu erzählen. Es waren wechselhafte Tage, reich an Eindrücken, Erlebnissen, großartigen Stimmungen. Nachdem ich unterhalb von Holy Cross angekommen war, wurde es plötzlich auf dem bisher so ruhigen Fluss lebendig. Tag und Nacht rasten schwere Motorboote der Fischer und Lachsaufkäufer über den Yukon. Eine verrückte Zeit… Aber vergiss nicht…, trotz Erdöl und Gold ist der Lachs eine der bedeutendsten Einnahmequellen Alaskas. Doch ich wollte dir nicht von Lärm und Geschäften am Ende der Welt erzählen. Das ist wie ein kurzer Rausch, der innerhalb weniger Tage vergeht. Nicht weit von Holy Cross entfernt sah ich am Ufer eine vor Jahren von jungen Leuten aus den Stämmen eines großen Floßes errichtete Hütte. Mit dem Floß waren sie von den Quellflüssen des Yukon River, wie 1883 der junge Leutnant Schwatka, bis hierher getrieben. Indianer hatten mir in dieser Gegend mehrere Pfund Lachs geschenkt. Ich freute mich auf das abendliche Schlemmen, und schon nachmittags hatte ich im Geiste Rezepte gewälzt. Dass das Braten des Fisches in Stress ausartete, lag – du ahnst es sicherlich – an den verflixten Moskitos, die in dunklen Wolken über mir tanzten.

Da die Flammen hoch schlugen, fielen manche benommen runter, und landeten auf dem Lachs. Anfangs hab' ich versucht, die lästigen Viecher herauszufriemeln. Es war schlichtweg sinn-

los! Hunderte waren es. Weißt du, was ich am Ende tat? Ich nahm die Gabel, wendete den Lachs und briet ihn von beiden Seiten. Nach dem Motto: Was ich nicht weiß, macht mich nicht heiß ... Ganze Naturvölker leben schließlich so.

Hitze und Wind der letzten Tage haben meine Haut gegerbt. Heute morgen sah ich in meinen kleinen Metallspiegel und war überrascht über das mir nicht vertraute Gesicht mit Falten um den Augen, rotbraun verbrannter Haut und vom Wind zerzaustem Haar.

Eben habe ich vom Briefpapier aufgeschaut und über den wohl drei Kilometer breiten Fluss gesehen. Mein Blick streifte dabei dunkle, baumlose Berge mit Schneeflecken. Und jetzt..., bestimmt zum zehnten Mal während der letzten halben Stunde, kommt ein Biber bis auf zwei Meter an mich heran. Eine wunderbar friedliche Stimmung umgibt mich. Dass ich allein auf einem Oberschenkel just in diesem Moment dreiundzwanzig Moskitos gezählt habe, tut dem keinen Abbruch. Ich lass sie ruhig dort sitzen, durch den dicken Cordstoff kommen sie mit ihren Rüsseln sowieso nicht durch.

Vor wenigen Tagen war ich übrigens in einem Ort, der mir den unglaublichen Coup der USA im Jahr 1887 bewusst gemacht hat. Du weißt, damals hatte Washington für weniger als fünf Cent pro Hektar Alaska vom zaristischen Russland gekauft. Dabei war der amerikanische Initiator, Außenminister Seward, noch kräftig bespöttelt worden: Was ist schon mit einem fast unerreichbaren arktischen Anhängsel anzufangen? Viele nannten Alaska Seward's Icebox.

Der Ort am Yukon, an den ich mich in diesem Zusammenhang erinnere, heißt Russian Mission:

Schon vom Wasser aus hatte ich zwei Kirchen im russisch-orthodoxen Stil gesehen. Eine davon, so sagte mir die Verkäufe-

rin des kleinen Ladens am Ort, sei von 1851. Aber die ist verfallen. Die neue wurde in den 30er Jahren gebaut. Auf einem hölzernen Steg ging ich durch den Ort. Das Post Office *fiel mir dabei besonders auf. Eine Bretterbude mit US-Flagge und Wäsche davor. Ich ging zu der oberhalb gelegenen neuen Kirche, um die herum viele Gräber mit russischen Kreuzen standen. Auf einem war zu lesen:*

Belkof, *irgendwo las ich* Baranow. *Ob da wohl einer der Nachfahren des legendären Königs von Alaska liegt? Jener, der ein halbes Menschenalter lang den russischen Pelzhandel in Alaska organisierte? Es kommt mir vor, als sei in diesem kleinen Nest das alte Russland der Pelzhändler gegenwärtig.*

Als ich zu meinem Kajak am Ufer zurückkam, traf ich in einem alten Pickuptruck *zwei Mädchen beim Spiel. Ich beobachtete sie und fragte nach ihren Namen. Eine lachte nur verstoh-*

Kinder, die in der Russian Mission leben

len, die andere antwortete im breitesten Yankee-Slang: Natasha. *Von Russian Mission hat sich der Yukon River weiter an Marshall und Pilot Station vorbeigezogen. Nur noch wenige Tagesreisen sind es bis ans Beringmeer…*

Falls du fragst, was für ein Gefühl ich hatte, so am Ende der Welt zu sein, nun, ich spürte schon die Befriedigung in mir, einem der bekanntesten und mächtigsten Ströme der Erde auf seinem Weg durch die Einsamkeit gefolgt zu sein. Aber eins hat mich überrascht. Ganz so einsam wie ich dachte, ist das Innere Alaskas doch nicht.

Der Yukon war bei Marshall so breit geworden, dass ich mich entscheiden musste, welchen der beiden wohl acht Kilometer voneinander entfernten Arme ich benutzen wollte. Irgendwo trafen sich die Wasser wieder, um kurz danach erneut auseinander zu driften. Später passierte ich den vom Nordosten kommenden Andreafsky River. Morgen werde ich diesen Brief an Dich in St. Marys aufgeben. Die am Yukon liegende Ortschaft ist das Ende meiner Bootstour – unwiderruflich, endgültig. Von dort werde ich nach Anchorage fliegen. Doch noch kann das Ende warten.

Es dauerte nur einen halben Tag, nachdem ich den Andreafsky River passierte, und das Landschaftsbild veränderte sich. Die Berge traten zurück und das Land wurde flacher, durchsetzt mit hunderttausend Seen, Tümpeln, Bächen und Flüssen. Ein wahres Wasservogelparadies. Keine fünf Minuten vergingen, ohne dass ich Schwärme von Enten und Gänsen sah.

Plötzlich teilte sich der Yukon. So, als könne er sich nicht entscheiden, wohin er wolle. Mir kam der Gedanke, er beabsichtige vielleicht, angesichts des nahen Zieles noch einmal abzudrehen, um die großartige Überlandreise zu verlängern. Aber dieser Fluchtversuch wird ihm nichts nützen, denn das Beringmeer ist ganz nah.

Der als Kwikpak Pass bezeichnete Flussarm zieht sich nach Norden, der Hauptstrom, der Kwikluak Pass, nach Westen. Es war viel Leben im Delta. Mehrere Ortschaften gibt es dort, Akumsuk und Alakanuk, nur um einige zu nennen. Du wirst sie nicht kennen, denn es sind kleine Nester, doch in dieser extremen Wildnis haben sie die Bedeutung von wichtigen Zentren für ein unermesslich weites Hinterland. Überwiegend Yupiik traf ich in diesem Gebiet. Plötzlich war ich am Ende des Kwikluak-Kanals. Starker Wind pfiff und die Luft schmeckte nach Salz. Ich hatte mein Ziel erreicht!

Das Wetter war nach den vorangegangenen heißen Tagen umgeschlagen und Sturm heulte von Nordost. Du weißt, für mich ist nicht so sehr das Ziel von Bedeutung, vielmehr der Weg dorthin. So hielt ich mich nicht lange am Beringmeer auf und paddelte zurück.

Jetzt sitze ich auf einer Sandbank. Es ist windstill. Was die Moskitos besonders freut. Am Himmel haben sich tausend rote Wolkenbläschen gebildet, die die halbrunden, fast vegetationslosen Berge in ein eigentümliches Licht tauchen. Vor mir flackert ein Feuer. Ich bin dicht rangekrochen. Nicht nur weil sich bei ihrem gierigen Sturzflug auf mich die Moskitos hier die Rüssel verbrennen, sondern weil ich mich trocknen muss. Die Wellen schlugen heute teilweise so hoch, dass ich bis zur Brust nass wurde.

Arctic Loon, diese zerbrechlich wirkende, aber doch robuste Nussschale, hat sich dabei gut gehalten.

Ist jetzt die letzte Nacht angebrochen, die ich hier am Lagerfeuer sitze? Was wird in St. Marys kommen? Fragen, wie sie immer am Anfang eines Endes stehen.

Mit Flößern im Yukon-Delta

Flüsse, Wasserarme, Seen und Teiche prägen das Bild des 81000 km² riesigen Yukon Delta National Refuge, einem Tierschutzgebiet, in dem die größten Orte St. Marys und Bethel sind. Auch Nunivak Island gehört dazu. Nach Nordwesten durchzieht es der Yukon River bis zum Beringmeer, im Südwesten durchfließt es der zweitgrößte Strom Alaskas, der Kuskokwim River. Seit Menschengedenken ist dies die Heimat zahlreicher Yup'ik und Indianer.

Archäologisch bedeutsame Funde dokumentieren, dass hier Asiaten vor mehr als 10000 Jahren über die damals trocken liegende Beringlandbrücke nach Amerika einwanderten.

Noch immer ziehen die Menschen hier im Sommer in ihre Camps, wo sie Lachse fangen und trocknen. Und auch das Wild ist nach wie vor eine wichtige Nahrungsquelle. Doch die Zeit der Sommeraktivitäten ist sehr kurz hier. Der Winter beginnt schon im Oktober, und das Eis der Flüsse bricht nicht vor Ende Mai, Anfang Juni auf. Der durchschnittliche jährliche Schneefall liegt bei eineinviertel Metern. Es ist ein wildes, schwer zu bändigendes Land.

Während der kurzen Sommerzeit bevölkern rund 100 Millionen Ufer- und Wasservögel das National Refuge. Rund fünfzig Arten nutzen das Delta als Nistgebiet. Im Frühling ist die Luft erfüllt vom Schnattern der Gänse und dem Trompeten der Enten. Aus jedem Staat, aus jeder Provinz in Nordamerika kommen sie hierher. Sie überqueren auch den Pazifik von dessen Anrainerkontinenten, um hier zu nisten. Für einen Großteil der Kanadagänse ist dies der Geburtsort. Das gilt auch für den Zwergschwan. Und doch gibt es hier dreimal so viele Enten wie Gänse: die Eisente, die Bergente, aber auch die Eiderente, die größte Wildente Nordamerikas. In den Küstengewässern tummeln sich Walrosse und Robben. Wale ziehen vorbei. Auf Nunivak Island leben sogar aus Grönland eingeführte Moschusochsen.

Der Andreafsky River ist ein glasklarer Fluss, der in das Wildlife Refuge von Nordosten hineinströmt. Was für ein erfrischendes Erlebnis nach meinen Wochen auf dem trüben, oft schlammigen Yukon. Plötzlich entdecke ich linker Hand einen großen Schiffsanleger und mehrere Häuser. Rund 600 Menschen leben in dem Ort St. Marys, der aus einer im ersten Drittel des 20. Jahrhunderts gegründeten katholischen Missionsstation hervorging und heute ein wichtiges Versorgungszentrum im Delta ist. Kaum habe ich am unteren Dorfende angelegt, fallen auch schon zur Begrüßung riesige Moskitos über mich her. Ich renne, flüchte, fluche in Kraftausdrücken wie *damned sucker*, sie aber folgen mir wie eine unheilvolle Wolke. Ein Indianer, der vor seiner Hütte steht, fängt schallend an zu lachen: »Die Moskitos lieben dich!« Dabei boxt er selbst wild mit den Händen in die Luft.

»Wie uns alle. Ich kann mich nicht erinnern, dass die Biester jemals so schlimm waren wie in diesem Jahr.«

Ich frage ihn nach einem öffentlichen Telefon.

»Das gibt's nur im *Yukon-Trader Grocery Store*.« Der Moskito-Boxer beschreibt mir den Weg.

Viele Wochen ist es nun schon her, dass ich das letzte Mal mit

Juliana gesprochen habe. Es war, als ich all den Erinnerungen an den Goldrausch von 1898 in Dawson City nachhing, ich erinnere mich gut. Ob sie zu Hause ist? Wie sie wohl empfindet, wenn ich nach dem aufmunternden *Please, Sir, go on!* des *Telephone Operators* wie aus einer anderen Welt in die Enge unseres Hauses in Niedersachsen platze. Merkwürdig. Wenn ich daran denke, erscheinen vor meinem inneren Auge Bilder von geteerten Straßen, geordneten Städten, einem rundum gesicherten und durchgetimten Leben: sechs Uhr morgens aufstehen, sieben Uhr dreißig am Schreibtisch sitzen. All das, was mich vielleicht auch in einigen Monaten erwarten wird. Ein Leben nach Plan und Uhr.

»*Stop, boy!*« Energisch kicke ich mit dem Fuß einen Blecheimer zur Seite. »Hör auf! Noch bist du in Alaska!«

Ich folge einem schmalen halb überwachsenen Pfad, bis ich den Yukon Trader-Laden und damit das Telefon erreiche. Schon beim ersten Versuch ist Juliana am Apparat …

Beschwingt mache ich mich anschließend auf den Weg, um nach Rückflügen zu fragen und nach Kaufinteressenten für mein Kajak Ausschau zu halten.

»Vielleicht kann dir der Bürgermeister helfen.«

Man beschreibt mir den Weg. Als ich das Rathaus von St. Marys erreiche, kommt mir ein bärtiger junger Mann im Overall mit ein paar Farbtöpfen im Arm entgegen, grüßt und verschwindet in einem Schuppen.

Nur eine junge Sekretärin ist noch im Amt, sie sei Neuling in Alaska, sagt sie, noch vor sechs Monaten habe sie im sonnigen Kalifornien gelebt. Ihre Hand weist zur Tür:

»Das ist übrigens Tim Troll, unser Bürgermeister.«

Ich drehe mich um und sehe in das Gesicht des Farbtopfträgers. Ein freundlicher, aufgeschlossener Bursche, der Herr Bürgermeister. Und hilfsbereit dazu.

»Wenn du Lust hast, kannst du bei mir wohnen. Ich habe zwar nur eine kleine Blockhütte, aber eine Ecke, in der du deinen Schlafsack ausrollen kannst, ist allemal frei.«

Da Tim zu Hause über keine heiße Dusche verfügt, führt er mich zunächst in die Werkstatt der Stadtarbeiter, in deren Umkleideraum sich Waschgelegenheiten befinden.

Wo und wann war es, dass ich zum letzten Mal unter einer heißen Dusche gestanden hatte? In San Francisco muss das gewesen sein…

Abends treffe ich mich mit einem Burschen namens Alf zu einer Spritztour. Er arbeitet tagsüber als Verkäufer im kleinen Supermarkt. Alf löst sein Motorboot vom Pfosten, wir steigen ein und gleiten langsam den Andreafsky River stromaufwärts. Nach meiner Karte dürfte der Fluss in direkter Länge gut 150 Kilometer lang sein. Streckte man ihn, berücksichtige man seine unzähligen Kehren, Kurven und Windungen, käme man locker auf das Doppelte. Die Wasseroberfläche des Flusses ist so ruhig und glatt, dass sich die Konturen und weichen Farben des Ufers in ihm spiegeln, bis die Bugwelle unseres Bootes diese wunderbaren Spiegelbilder in bewegte Bilder auflöst.

Alf, der ebenfalls aus den südlichen US-Bundesstaaten kommt, ist Alaska verfallen: »Das Land gibt mir alles, was ich brauche…«, sagt er. Er will nie wieder weg.

Das ist einer dieser Momente, in denen ich US-Amerikaner beneide. Ob Texas, Kalifornien, Hawaii, New York oder Alaska, sie können in freier Wahl zwischen den Polen eines ganzen Kontinents leben.

Wir kommen spät nach St. Marys zurück. Da ich zu müde bin, um mein Kajak zu entladen, es die Nacht über allerdings auch nicht unbeaufsichtigt lassen will, schlafe ich doch noch einmal im Zelt.

Frühmorgens treffe ich mich mit Tim Troll.

»Kannst du mir und meinem alten Freund Kelly Babich übers Wochenende helfen, Baumstämme im Yukon River zu sammeln.«

Er sieht mich fragend an. Vermutlich habe ich einen Moment etwas verdattert aus der Wäsche geschaut. Tim jedenfalls lacht und klärt mich auf.

»Kelly will sich ein neues Blockhaus bauen.«

Als ich Kelly Babich die Hand schüttele, habe ich den Eindruck, genauso müsse es sein, wenn man mit einem ausgewachsenen Grizzly Freundschaft schließt. Er ist ein riesiger Kerl; das Imponierendste an ihm ist sein Bauch. Kelly hat den Globus auf allen Weltmeeren als Seemann befahren und war auch schon in Bremerhaven. Eines Tages hatte ihn jedoch ein ganz besonderes Ereignis vor Anker gehen lassen.

Bulle Kelly nimmt mich am Arm und führt mich abseits.

»*You know*, vor ein paar Jahren habe ich in St. Marys eine Eskimo-Lady kennen gelernt…« Er sieht in die Runde. »…und seitdem bin ich hier hängen geblieben. Von da an gab's jedes Jahr ein Kind.«

Und da liegt Kellys großes Problem begraben. Langsam wird sein Haus nämlich zu eng. »Meine Eskimo-Lady bezeichnet unser schönes Heim nur noch als Hundehütte. Ständig nörgelt sie, mit fünf Kindern würde es Zeit, mehr als zwei Räume zu bewohnen.« Dabei habe sie wild mit den Augen gerollt.

Was blieb dem Hünen anderes übrig, als seine Freunde zur Beschaffung von Baumaterial zusammenzutrommeln. Tim Troll und ein Mann, der auf den Spitznamen Biff hört, kamen. Dass zugeschnittenes Bauholz hier am Ende der Welt nicht auf Telefonanruf hin angeliefert wird, ist mir klar. Ich mache mich also auf ein spannendes Abenteuer gefasst.

Wir starten mit zwei Motorbooten. Beide haben Reservemotoren – für alle Fälle. Da das Holz der Wälder im Delta allenfalls dick genug für den Bau eines Vogelhäuschens oder einer Puppenstube ist, betreiben wir *river logging*: Wir fällen keine Bäume, sondern sammeln Treibholzstämme auf dem Yukon ein.

Mehr als achtundvierzig Stunden sind wir draußen, balancieren wie Artisten über glitschige Baumstämme, wählen aus und binden die *logs* zusammen. Zum Schluss formen wir ein riesiges Floß. Die Massen an Treibholz, die der Yukon River auf seinem gut 3000 Kilometer langen Weg bis hierher mit sich führt, sind gewaltig. Trotzdem wird es ein mächtiges Stück Arbeit für uns. Nur schön gerade gewachsene Stämme kann Kelly gebrauchen, und alle sollen von der gleichen Sorte sein. Oft liegen die begehrten Stämme inmitten angeschwemmter, ineinander verkeilter Holzberge!

Tim Troll, in dessen Boot ich bin, verliert beinahe seinen 35-PS-Reservemotor in den Fluten, als er versucht, ihn gegen den seit kurzem stotternden 50-PS-Motor auszutauschen.

Biff schießt mit seiner Schrotflinte eine Ente. Doch bis er sie als Braten in die Röhre schieben kann, werden noch aufregende Stunden vergehen.

Es ist am Abend des zweiten Tages, als Kelly wieder einmal feststellt, er habe Hunger. Das hat er oft, was sein Bauch bezeugen kann!

Seit sechs Stunden nieselt es jetzt schon. Gegen heißen Kaffee hat keiner etwas einzuwenden. Ein großes Hallo bricht aus, als Kelly aus seiner Vorratskiste ein Paket gezuckerter Krapfen hervorzaubert. Wir futtern, schlürfen heißen Kaffee, tauen innerlich langsam auf. Ich habe in diesem Augenblick körperlicher Wonne, genau wie die anderen drei, unsere im Schlepptau liegenden Baumstämme völlig vergessen. Das war ein Fehler.

Prompt läuft das Floß auf eine Sandbank auf. Wieder und wieder dröhnen unsere zusammen mehr als hundert Pferdestärken, aber dem tonnenschweren Floß ist kein müdes Rucken zu entlocken. Wir versuchen, die Stämme mit Enterhaken zu bewegen, balancieren wie Artisten auf glitschigem Holz, setzen Hebel an. Ohne Erfolg!

Es ist die Furcht vor dem Zorn seiner Eskimo-Lady, die Kelly diese Nacht tief ins Gesicht geschrieben steht. Kurzentschlossen reißt er sich die Kleider vom Leib, springt ins knietiefe, eisige Wasser und wuchtet mit dem Gebrüll eines Bären Stamm für Stamm von der Sandbank. Was Liebe doch alles bewirkt ...

Todmüde, verfroren, aber zufrieden vertäuen wir Stunden später die Treibholzladung im Hafen von St. Marys.

Kelly hatte versprochen, mir am Nachmittag seine neue Winchester-Büchse vorzuführen. Pünktlich bin ich bei ihm. Fröhlich wie immer öffnet er die Tür.

Kelly ist kein Mann der großen Worte, aber ein ganz und gar tatkräftiger Mann.

»Willst du sie ausprobieren?«

Ich nicke. »Wo wollen wir zum Schießen hingehen?«

Er sieht mich verdattert an: »Wieso, da drüben ist doch ein Verkehrsschild. Leg schon an!«

»Nein, Kelly, ich kann doch nicht ...«

»Wieso nicht? Nun leg schon an. Na, dann gib mir mal!«

Bumm – bumm! Das Verkehrsschild mitten im Ort hat seitdem Löcher.

»Siehst du«, sagt Kelly, »man kann darauf schießen!«

Nachwort

Einige Tage später bringt mich ein fast randvoll mit Lachs beladener Jet zurück nach Anchorage. Tim Troll, seit zwei Tagen stolzer Besitzer meines Kajaks, hatte mir vor dem Flug Getränkegutscheine der Airline in die Hand gedrückt: »Der Whisky ist immer gut gekühlt da oben.« Ich bin gerade dabei, das zu überprüfen.

Unter mir, im späten Abendlicht, glitzert das Band des Yukon River. Was ich wohl an jener Stelle dort unten erlebt habe? Dort an der Biegung des Flusses oder dahinten? Momente wie dieser sind immer gut, ein großes Abenteuer Revue passieren zu lassen. Man durchlebt das Gewesene noch einmal im Zeitraffer, mit Distanz, als liefen Bilder über eine Leinwand. Man sitzt bequem dabei im Sessel, kann die Beine ausstrecken, ohne Gegenwind, ohne *bloody* Moskitos.

Rund vierzig Tage hat der Fluss mein Leben bestimmt. In nur vierzig Minuten werde ich in Anchorage landen. Von dort aus begebe ich mich auf den langen Rückweg nach Carmacks, wo mein Auto steht. Es ist Mitte Juli. Eigentlich hat der Nordlandsommer jetzt erst richtig begonnen. Mindestens vier Wochen lang werde ich ihn noch genießen können; zu Fuß auf *hiking trails* im Northwest Territory, in der Gesellschaft von Elchen, Karibus und Bären.

Dann beginnt für mich eine andere Herausforderung, das

Abenteuer der Integration zu Hause, vielleicht das größte Abenteuer des letzten Jahres. Aber hatte Juliana nicht in ihrem Brief nach St. Marys von der gemütlichen Wohnung und von der Schönheit und Fülle ihres Gartens geschwärmt: von Erdbeeren, Himbeeren und den schon reifenden Kirschen? Und dass sie sich gut vorstellen könne, zwischen alldem bunte Kinderwäsche flattern zu sehen…?

Ich blicke aus dem angekratzten Fenster des Flugzeugs. Unten gleiten Wälder vorbei. Dazwischen, so weit das Auge reicht, mäandernde Wasserarme, kleine Tümpel, weit verzweigte Seen und verschwiegene Rinnsale. »*You did a great trip*«, hatte mir Tim Troll zum Abschied gesagt. Ja, es waren Stunden größter Harmonie mit mir selbst und mit der Natur. Ein Gefühl von tiefer Zufriedenheit habe ich dabei empfunden. Natürlich freue ich mich auf das, was vor mir liegt. Aber wird es nach diesem Yukon-Alleingang noch eine Steigerung geben können?

Tipps für Yukon-Reisende

Outdoor-Aktivitäten und Highlights

Vom kanadischen Lake Bennett bis hin zum Beringmeer zieht sich der Yukon River rund 3200 Kilometer durch das Yukon Territory und Alaska. Vom Grenzort Eagle schlängelt er sich 2035 Kilometer durch die Mitte Alaskas und trennt den 49. Staat der USA in zwei fast gleich große Teile. Nach langer Reise erreicht der Yukon breit, ausladend, lehmig und schon träge den Norton Sound, eine Bucht des Beringmeeres.

Abgesehen von *barges*, Frachtkähnen, die die Menschen am Yukon River mit dem Lebensnotwendigen versorgen, jedoch ausdrücklich nicht Personen transportieren, gibt es keinen Liniendienst auf dem Fluss. Transportmittel muss also das eigene oder gemietete Kanu, Faltboot oder Kajak sein.

Einige wenige Veranstalter bieten vor Ort abschnittsweise Flusstouren an, das gilt insbesondere für den kanadischen Teil zwischen Whitehorse und Dawson City, der touristisch stärker erschlossen und frequentiert ist. Individuelle Yukon River-Motorbootfahrten im mittleren Flussverlauf können z. B. bei Paul Starr in Tanana gebucht werden.

Schließt man den kanadischen Abschnitt mit ein, bestehen Straßenzugänge bei Whitehorse, YT (Alaska Highway), Carmacks, YT (Klondike Highway), Dawson City, YT (Klondike

Highway), Eagle, AK (Taylor Highway), Circle, AK (Steese Highway) und Alaska Pipeline Crossing, AK (Dalton Highway). Westlich davon, bis zum Beringmeer, führt keine weitere Durchgangsstraße an ihn heran. Mit Linienflügen bzw. Buschflugzeugen ist jeder Ort am Yukon River zu erreichen.

An den Ufern des Yukon River liegen großartige Landschafts- sowie einige der größten Tierschutzgebiete (National Wildlife Refuge – NWR) der USA.

Befahrbar ist der Yukon River nach dem Eisaufbruch, etwa ab Anfang/Mitte Juni. Für den beliebten kanadischen Yukon-Abschnitt zwischen Whitehorse und Dawson City stellen Bootsverleiher für einen ca. 10– bis 14-tägigen Trip in Whitehorse Mietkanus (15 bis 17 Fuß Länge) zur Verfügung, die entweder in Carmacks oder Dawson City oder auch Eagle, AK zurückgegeben werden können. Der Rücktransport ist Sache des Vermieters.

Wer die Kanu- oder Kajaktour im weiteren Flussverlauf an einer Straße beenden will, hat dazu lediglich in Circle am Steese Highway und westlich von Stevens Village am Dalton Highway Gelegenheit. Danach kann man sich nur noch ausfliegen lassen. Da nicht jede Bush Airline Kanus transportiert, sollte ein Faltboot in Erwägung gezogen werden. Der Autor benutzte auf seinen Yukon-Reisen ein Pouch-Faltboot.

Von St. Marys nahe dem Beringmeer bestehen Jet-Verbindungen zurück nach Anchorage.

Paddeltouren auf eigene Faust sowohl auf dem Yukon als auch auf anderen Flüssen können in Deutschland gebucht werden bei:

Meridia Reisen, Gutbrodtstr. 58, 87634 Obergünzburg, Tel. (08372) 972983, Fax 972984, mail: www@meridia-reisen.de

Special:
14 Tage von Whitehorse bis Dawson City

Rund 800 Kilometer ist der Flussabschnitt lang, zehn bis vierzehn Tage sind für eine Reise auf ihm anzusetzen. Die Strecke zwischen Whitehorse und Dawson City gehört bei Kanuwanderern zu den beliebtesten Abschnitten des Yukon River.

In Whitehorse ist man auf die Wünsche der Besucher eingestellt. Es gibt Kanus zu mieten und vom Endpunkt der Paddeltour – sei es nach halber Strecke in Carmacks oder in Dawson City – erfolgt der Rücktransport von Boot und Ausrüstung durch den Vermieter. Bis auf die Five Finger Rapids und Rink Rapids (nördlich von Carmacks) ist der Abschnitt frei von Stromschnellen. Jedoch sind unbedingt vorab aktuelle Informationen über den Zustand des Flusses einzuholen. Niedrig- oder Hochwasser können den Charakter und die Gefahren eines Flusses ganz wesentlich verändern.

Noch am ersten Tag ist der 48 Kilometer lange Lake Laberge zu durchpaddeln, bei starkem Wind gibt es hier hohe Wellen. Dann beginnt die Begegnung mit der Geschichte: Am Ufer liegen die Wracks der Schaufelraddampfer *Evelyn* und *Klondike*. Unbedingt besuchenswert ist die alte Pelzhandelssiedlung Fort Selkirk an der Einmündung des Pelly River in den Yukon. Das lebendige Museumsstädtchen Dawson City ist ein Highlight zum Abschluss.

Highlights auf der Ost-West-Route

Eagle

Eagle ist im Rahmen eines Tagesausflugs von Dawson City aus gut per Boot erreichbar. Oder man fährt 258 Kilometer auf dem am Alaska Highway beginnenden Taylor Highway bis hierher. Nach Goldfunden am nahe gelegenen Forty Mile River entwickelte sich der Ort zum Handelszentrum der Region. 1898, während des Klondike-Goldrausches, lebten 1700 Menschen in Eagle City. 1905 schaute die ganze Welt auf Eagle, als Polarforscher Roald Amundsen nach mehr als 1500 Kilometer langer Reise und erfolgreicher Durchquerung der Northwest Passage in den Yukon-Ort einlief.

Lohnend sind Rundgänge unter Leitung von Mitgliedern der Historical Society u.a. zu Richter Wickershams Gerichtshaus (*Courthouse*) sowie Fort Egbert. Touren finden täglich vom Memorial Day bis Mitte September gegen geringes Entgelt statt.

Circle

90 Einwohner, 80 Kilometer südlich des Polarkreises gelegen, erhielt der Ort seinen Namen von Prospektoren, die hier den Polarkreis (*Arctic Circle*) vermuteten. Vor dem Klondike-Goldrausch war Circle City der größte Goldgräberort am Yukon River. Ein Bummel über den kleinen Pionierfriedhof lohnt. Im Yukon *Trading Post* gibt es Treibstoff, Einkaufsmöglichkeiten und ein Café.

Fort Yukon

Mit seinen rund 800 Einwohnern liegt das Fort am Zusammenfluss von Porcupine und Yukon River rund 230 Kilometer nordöstlich von Fairbanks und 13 Kilometer nördlich des Polarkreises.

1847 wurde hier ein Hudson's Bay-Handelsfort gegründet. Nach dem Erwerb Alaskas durch die USA erkannten die englischen Pelzhändler, dass sie sich auf US-Territorium befanden, und zogen sich hinter die kanadische Grenzlinie zurück. Dank dem Goldrausch avancierte Fort Yukon zur größten Siedlung nördlich von Dawson City. Von hier aus betreute Erzdiakon Hudson Stuck, einer der Erstbesteiger des Mount McKinley, seine Gemeindemitglieder in den Weiten Alaskas. Auf dem Friedhof von Fort Yukon liegt er begraben.

Tanana

230 Kilometer nordwestlich von Fairbanks am Zusammenfluss von Tanana River und Yukon River liegt der Ort Tanana. Viele Dienstleistungen sind hier erhältlich: Schule, Supermarkt, Post, Werkstatt, Unterkunft, Tankstelle, *fishing license;* allerdings gibt es keine Bank. Für die Athabasca-Indianer hieß die Stelle am Zusammenfluss von Tanana und Yukon River *Nuchalawoya*, »der Platz, wo sich zwei Flüsse treffen«, womit also ein bedeutender Ort, an dem sich die Stämme trafen, markiert war. Hier schlichteten sie Streitigkeiten, hier feierten sie Feste.

Im 19. Jahrhundert begannen die Veränderungen. 1851 kamen die Missionare der Church of England. 1906 entstand ein schmuckes neues Missionsgebäude am Ortsrand. Heute leben hier rund 400 Menschen jahrein, jahraus, vor allem Indianer, aber auch eine gute Hand voll Weißer.

Ruby

Die rund 300 Einwohner dieses kleinen Dorfes leben etwa 350 Kilometer westlich von Fairbanks am Ufer des Yukon River.

Goldfunde am Ruby Creek standen bei der Gründung der Siedlung Pate; das war 1907. Dann lebte Ruby im Jahr 1911 noch einmal durch die Goldfunde am Long Creek auf. Heute bestreiten die Menschen dort ihren Lebensunterhalt im wesentlichen mit Fischfang, Jagd und Fallenstellerei.

Galena

570 Kilometer westlich von Anchorage liegt Galena. Zur Zeit des kalten Krieges wurde es zur Militärbastion ausgebaut. Heute befindet sich hier eine *Airforce Base*. Der Großteil der hier lebenden Bevölkerung von rund 900 Menschen sind Athabasca-Indianer. Im Sommer, zur Zeit der Waldbrandgefahr, operieren von hier aus die so genannten *fire fighters*.

Nulato

Der Ort befindet sich 500 Kilometer westlich von Fairbanks und 40 Kilometer westlich von Galena. Die Region um Nulato machte Schlagzeilen, als im Jahr 1851 ein Leutnant namens John Barnard, Teilnehmer des Suchtrupps für den verschollenen Forscher John Franklin, von Indianern ermordet wurde. Neben Barnard wurden ein Russe und 53 Bewohner eines nahe gelegenen Indianerdorfes getötet. In dem entlegenen 300-Einwohner-Dorf ist man auf Besucher kaum eingestellt. Ein Hotel gibt es nicht, aber über die Gemeindeverwaltung kann eine Privatunterkunft beschafft werden.

Holy Cross

Die bekannte Geschichte des 680 Kilometer südwestlich von Fairbanks am Yukon gelegenen Ortes mit seinen rund 300 Einwohnern geht bis etwa 1840 zurück, als der russische Forscher Zagoskin die kleine Indianersiedlung entdeckte. Gut 40 Jahre später entstand hier eine von Jesuiten betriebene Missionsstation. Einfache Unterkünfte können vor Ort über die Stadtverwaltung ermittelt werden.

St. Marys

An der Mündung des Andreafsky River in den Yukon River, rund 720 Kilometer nordwestlich von Anchorage ist St. Marys gelegen. Die Geschichte des 600-Einwohner-Ortes begann 150 Kilometer flussabwärts in Akulurak, wo Jesuitenmissionare eine Missionsstation errichteten. 1948 verlegte man den immer wieder durch Hochwasser gefährdeten Ort in höher gelegenes Gebiet und gründete St. Marys. Während der sommerlichen Fischfangsaison ist hier der Teufel los. Männer ziehen Netze voller Lachs in ihre Boote, in der Luft kreisen Lachsaufkäufer mit ihren Maschinen. Ansonsten lebt man in St. Marys neben dem Fischfang von der Jagd und vom Fallenstellen. Der Ort ist ein Sprungbrett für das Yukon-Delta National Wildlife Refuge. Linienflüge verbinden St. Marys mit Anchorage und Bethel. Es gibt einfache Unterkünfte.

Abstecher: Bethel (Kuskokwim River)

Mit seinen 5200 Einwohnern ist Bethel einer der größten Orte im westlichen Alaska. Man arbeitet für die öffentliche Verwaltung, lebt vom Fischfang – nur 100 Kilometer ist die Mündung des Kuskokwim River entfernt –, von der Jagd und der Tatsache, dass der Ort Versorgungs- und Transportzentrum für knapp sechzig Dörfer im Yukon- Kuskokwim-Delta ist.

Zu erreichen ist Bethel mit einstündigem Linienflug von Anchorage aus, u. a. mit Alaska Airlines und Reeve Aleutian Airways.

Es gibt hier eine 25 Kilometer lange Straße, von der aber nur zehn Kilometer asphaltiert sind. Bootstouren – die Zahl der Motorboote übersteigt die der Autos bei weitem –, Angel- und Campingtouren zählen zu den Hauptaktivitäten hier.

Eine der natürlichen Attraktionen ist das Yukon-Delta Wildlife Refuge. Das sehenswerte Visitor Center liegt gegenüber dem Bethel Regional Hospital.

Paddeln in den Schutzgebieten Alaskas

Schutzgebiete für Seevögel wurden bereits Anfang dieses Jahrhunderts in Alaska eingerichtet. In den letzten Jahrzehnten des 20. Jahrhunderts kamen weitere Tierreservate hinzu, so dass zur Zeit 16 *National Wildlife Refuges* bestehen.

Große Wildschutzareale liegen am Yukon River, z. B. die Yukon-Charley Rivers in den so genannten Yukon Flats, die Schutzgebiete am Nowitna, dem Innoko und im Yukon-Delta.

Ein anderes Wildschutzgebiet, das – wenngleich nicht unmittelbar am Yukon River gelegen – zu den attraktivsten Kanuregionen Alaskas zählt, ist das Swanson Lake- und Swanson River–Gebiet auf der Kenai Halbinsel. Diese Region zählt zu den am dichtesten bevölkerten Wasservogelgebieten Nordamerikas.

Yukon-Charley Rivers

Das gleichnamige Naturschutzgebiet erstreckt sich zwischen den Siedlungen Eagle und Circle/Alaska. Der US-Staat New Jersey mit seinen 7,5 Millionen Einwohnern passte flächenmäßig locker zwischen diese beiden Orte. Doch nur 30 Einwohner leben ganzjährig in dieser Wildnis. Der Yukon ist die Achse hier. Er folgt einer geologischen Erdfalte, in die hinein aus dem Hinterland Flüsse wie Charley, Kandik und Nation River fließen. Der Charley River, der hier wie der Yukon River-Abschnitt besonders geschützt ist, entspringt in 1220 Metern Höhe und mündet in den Yukon nur 240 Meter über dem Meeresspiegel: ein gewaltiges Gefälle von rund zehn Metern auf einer Strecke von 1,6 Kilometer Strecke. Die Fließgeschwindigkeit ist entsprechend hoch

(6–10 km/h). Das gut 10 000 km² große Yukon-Charley Rivers National Preserve umfasst die gesamten 170 Flusskilometer des Charley sowie sein komplettes Einzugsgebiet. Im Yukon-Charley-Schutzgebiet befinden sich u. a. die Brutstätten des gefährdeten Wanderfalken (*peregrine falcon*) und die Geburtsstätte der Fortymile-Karibuherde.

Eine Wildnis ohne Straßenanschluss. Zufahrt besteht nur über den Taylor Highway nach Eagle (259 km) bzw. über den Steese Highway nach Circle (261 km), 23 Kilometer vom Preserve entfernt. Bei gutem Wetter dauert die Anfahrt jeweils etwa fünf Stunden. Man kann allerdings auch von Dawson City auf dem Fluss anreisen; rund 160 Kilometer sind es von dort bis Eagle. Einige wenige Abenteuerlustige lassen sich von Buschpiloten zu den Quellwassern des Charley River fliegen und paddeln auf ihm bis zum Yukon. Am beliebtesten jedoch ist die Yukon-Tour zwischen Eagle und Circle, für die zwischen fünf und acht Tage anzusetzen sind. Das erlaubt dann auch viel Zeit zum Angeln in den klaren Seitenflüssen (im Yukon selbst wird man wegen des im Sommer lehmigen Wassers kein Angelglück haben) und zum Wandern. Es gibt keine unterhaltenen Trails im Preserve, man muss – sofern vorhanden – Wildpfaden folgen. Oberhalb der Baumgrenze von rund 1000 Metern ist das Wandern einfacher. Sehr gut sind die Wanderkarten des U.S. Geological Servey (*Topographic Maps*): Eagle, Charley River, Circle und Big Delta.

Nowitna National Wildlife Refuge
Benannt nach dem Nowitna River wurde es in erster Linie zum Schutz von Wasservögeln eingerichtet. Schwarzbär und Elch sind aber ebenfalls hier anzutreffen, ebenso Biber und Bisamratten.

Das rund 240 Kilometer westlich von Fairbanks gelegene Schutzgebiet umfasst 8500 km² Sumpfland, Tundra und Waldgebiete. Zwei Drittel des rund 480 Kilometer langen Nowitna River liegen innerhalb des Wildlife Refuge. In großen Kehren mäandert der Fluss dahin (Klasse I). Zwischen Ende Mai und Mitte Juni ist die beste Zeit für einen Besuch – so weit es Stechmücken betrifft. Obwohl im Juli, statistisch gesehen, optimales Wetter herrscht (wenig Regen und die höchsten Temperaturen), hat diese Zeit doch ein Handicap, denn es ist die hohe Zeit für Moskitos.

Karten sind erhältlich beim US-Geological Survey in Fairbanks, AK 99701. Für den gesamten Flussverlauf werden folgende *Topographic Maps* benötigt: Ruby A-2, A-3, A-4, B-2, B-3, C-3, C-4 und D-3.

Koyukuk & Northern Innoko

Nördlich und südlich des Yukon River erstreckt sich das 16 000 km² große National Wildlife Refuge etwa zwischen den Ortschaften Ruby im Osten sowie Galena und Koyukuk im Westen. Myriaden von Sümpfen, Seen und Wasserläufen machen sowohl den nördlichen Koyukuk- als auch den südlichen Innoko-Teil zu einem wichtigen Brut- und Laichgebiet für Vögel und Fische. Rund 16 km² des Koyukuk-Abschnitts wurden 1990 unter besonderen Naturschutz gestellt, nämlich die Nogabahara Sanddünen, deren Sand nach der Gletscherschmelze vor rund 10 000 Jahren hier in einer zehn Kilometer breiten Senke lagert.

Straßen gibt es in dieser Wildnis nicht, aber Charterflüge sind von Fairbanks aus möglich. Der obere Abschnitt des Koyukuk River zwischen Hughes und Huslia ist bei Paddlern beliebt. An den Ufern des zumeist stillen Flusses kann man Elche, gelegentlich Wölfe und vorbeiziehende Schwarzbären beobachten. Und es gibt gute Angelmöglichkeiten.

Kuskokwim River

Der 870 Kilometer lange Fluss sammelt das Wasser eines Riesengebietes von 130 000 km², das er bei Bethel in die Kuskokwim Bay des Beringmeeres ergießt. Schon seit Jahrtausenden lebten Athabasca-Indianer an seinen Ufern, die diesen zweitgrößten Fluss Alaskas als Wasserstraße benutzten, um mit den Völkern der Alaska Range und jenen am Cook Inlet Handel zu treiben. Es gab weit verzweigte Handelsrouten, die die Wasser des Kuskokwim-Verbundes mit denen des Yukon River-Systems über eine Portage nach Lake Minchumina verbanden. 1829, noch bevor der Yukon River durch Weiße entdeckt wurde, befuhr ihn ein Händler der russisch-amerikanischen Pelzhandelsgesellschaft. Seit Beginn des 20. Jahrhunderts verkehrten Schaufelraddampfer auf ihm. Die größten Siedlungen an seinem Ufer heißen McGrath, Sleetmute, Aniak und Bethel. Und obwohl der Kuskokwim kein Wildwasserfluss ist, kann er je nach Wasserstand auch unberechenbar sein. Offiziell beginnt der Kuskokwim bei Medfra. Für die knapp 800 Kilometer lange Paddeltour bis Bethel sind in etwa vier bis fünf Wochen anzusetzen.

Kenai: Swan Lake-Kanu-Route

Für den Vogel- wie den Paddelfreund ist dies ein Dorado.

Das rund 180 Autokilometer südwestlich von Anchorage auf einer Halbinsel gelegene Wildschutzgebiet gilt schon seit langem als Tipp unter Kanu- und Kajakfahrern mit wenig Zeit, aber dem Wunsch, in Kürze die typischen Bilder alaskanischer Wildnis zu sehen: Tundra, Sümpfe, Berge und Wälder.

Kenai Refuge wurde bereits von Präsident Roosevelt gegründet, um den dortigen Elchbestand zu erhalten. Fast alle anderen Nordlandtiere sind natürlich ebenso vertreten. Die Angelmöglichkeiten gelten als hervorragend.

Mehr als 300 Kilometer ausgearbeiteter *canoe trails* stehen dem Paddler zur Verfügung, darunter die Swanson-River-Route und die Swan Lake-Route. Es besteht die Möglichkeit, mit Pferden durch entlegene Gebiete zu reiten und auch Wildwasserfreunde können auf speziellen Routen zu ihrem spritzigen Vergnügen kommen. Für die meisten Wasserwege Kenais gilt, dass sie auch für ungeübte Paddler geeignet sind.

Fortymile River

Der Fortymile ist ein Wildnisfluss nur für Erfahrene. Seine zahlreichen Stromschnellen (*rapids*) können für Unerfahrene lebensbedrohlich sein. Als da sind:

- Bald Eagle Rapids, in der Middle Fork unmittelbar nach dem Zusammenfluss von Middle und North Forks. Problematisch für Kanus bei hohem Wasserpegel.
- The Chute, unterhalb des Zusammenflusses von Middle und North Forks. Stromschnellen der Klasse III. Kanus sollten portagiert werden, was an beiden Ufern möglich ist.
- The Kink, gefährliches Wildwasser in mehreren Stufen. Portage-Möglichkeiten bestehen auf beiden Uferseiten.
- The Falls, Wildwasser Klasse II bis III. Rund drei Kilometer oberhalb der Fortymile Bridge. Portage ist nur am rechten Ufer möglich.
- Deadman's Riffle, ca. 24 Kilometer unterhalb der Fortymile Bridge. Klasse III, Portage am rechten Flussufer.
- Canyon Rapids (auf kanadischem Gebiet) unterhalb der Einmündung des Bruin Creek. Bei niedrigem Wasserstand Klasse II-III, Portage am rechten Ufer, bei hohem Wasserstand wird es allerdings wegen steiler Canyonwände gefährlich. Unbedingt sind aktuelle Informationen einzuholen bei BLM *(Bureau of Land Management)* in Tok oder Fairbanks.

Special:
Wandern auf dem Chilkoot Trail

Der Trail kann das ganze Jahr über begangen werden, doch zweifellos ist der Sommer (Mitte Juli bis Mitte August) die beliebteste Zeit. Im Winter bewegen sich die Temperaturen zwischen minus 1 °C und minus 46 °C. Wer ihn jedoch zünftig wie die Klondiker bei Eis und Schnee erleben will, benötigt ein *Permit* vom *National Park Service Office* in Skagway.

Ein Teil des Klondike Gold Rush National Historical Park erstreckt sich sowohl über amerikanisches als auch über kanadisches Gebiet. Für die 53 Kilometer lange Strecke wird von den Parkverwaltungen empfohlen, drei bis fünf Tage einzuplanen. Obwohl während der Spitzenzeiten viele Wanderer diese Tour unternehmen, ist sie doch ein echtes Wildnisabenteuer, das entsprechende Vorbereitung und Ausrüstung erfordert. Die Wind- und Wetterverhältnisse sind unberechenbar und für viele *Hiker* ist der Aufstieg zwischen *The Scales* und Chilkoot-Pass ein hartes Stück Arbeit.

Camping: In der Nähe des Trail-Beginns (Dyea) liegt ein mit dem Auto erreichbarer schön gelegener *Campground*. Viele Wanderer stellen hier ihre Fahrzeuge bis zur Rückkehr ab. Auf dem Trail selbst ist Camping ausschließlich auf den nachstehend benannten *Campgrounds* (vier auf alaskanischer und sechs auf kanadischer Seite) gestattet. Nachfolgende Kilometerangaben gelten ab Trail-Beginn (Dyea).

Km 7,9: Finnegan's Point

Km 12,5: Canyon City. Hier befindet sich auch eine rustikale Hütte mit Ofen zum Wärmen und Trocknen der Ausrüstung. Besonders beliebt ist sie an Regentagen. Eine Übernachtung ist in dieser sowie den beiden anderen Hütten am Trail nicht gestattet.

Km 16,9: Pleasant Camp

Km 20,9: Sheep Camp (Hütte). Zwischen km 20,9 und km 33 befindet sich keine Campingmöglichkeit. Wegen des schweißtreibenden Chilkoot-Passes handelt es sich bei diesem Streckenabschnitt um ein volles Tagespensum.

Km 33: Happy Camp, schön gelegen. Im Spätsommer gibt es hier eine schier unvorstellbare Blaubeerfülle.

Km 37: Deep Lake, sehr reizvolle Lage an Fluss und See. (Den Hinweis, kein Feuerholz zu verbrennen, gibt's hier sogar schon auf Deutsch.)

Km 41,8: Lindeman City, (Hütte)

Km 45,9: Dan Johnson Lake

Km 46,7: Bare Loon Lake

Km 53,1: Bennett

Tipp: Kocher dabei haben. Auf der westlichen Seite des Trails ist das Holz oft sehr nass, auf der trockeneren kanadischen Seite sind hingegen offene Feuer nicht gestattet.

Der Trail ist – bei etwas Aufmerksamkeit – auf gesamter Länge nicht zu verfehlen. Im Hochland östlich des Chilkoot-Passes helfen dabei Steinmarkierungen. Bis Sheep Camp führt der Pfad durch teilweise sehr dichten Regenwald mit dicken Moospolstern und geradezu gigantischen Pilzen (Märchenwald). Hinter Sheep Camp (km 20,9) beginnt der Aufstieg zum Chilkoot Pass Summit. An *The Scales* (km 25,7) ist eine Fülle von historischen Überresten aus dem Jahr 1898 zu entdecken. Rechts oberhalb davon liegen die Trümmer eines vor Jahren abgestürzten Sportflugzeugs. Wer im unteren Trail-Abschnitt möglicherweise über die nur wenigen historischen Überbleibsel enttäuscht war, kommt am Chilkoot-Pass voll auf seine Kosten.

Unmittelbar hinter dem Pass befindet sich die Hütte eines kanadischen Parkrangers (*registration*). Das Landschaftsbild auf kanadischer Seite ist spektakulär: Seen, Bäche, Felsen, leuchtende Gletscher unmittelbar oberhalb des Pfades. Die Baumgrenze wird nahe Lindeman City wieder erreicht.

Rücktransport: Zwischen Bennett und Skagway verkehrt während der Saison täglich ein kleiner Triebwagen (vorab aktuelle Infos einholen). Nach einigen Kilometern wird dabei der Klondike Highway berührt. Die Stelle ist bekannt als *Log Cabin*. Wer hier sein Auto geparkt hat bzw. mit dem Bus oder als Anhalter (gute Chancen) nach Whitehorse weiterfahren will, kann aussteigen. Wanderer, die das Geld für den Triebwagen sparen bzw. unabhängig sein wollen, biegen ein kurzes Stück hinter dem Bare Loon Lake Campground auf den sog. *Cut Off Trail to Log Cabin* (Ausschilderung) ab. Er führt schon kurz danach auf den Schienenstrang. Ungeachtet eines großen Schildes, das darauf hinweist, dass die Eisenbahntrasse Privatbesitz ist und nicht begangen werden darf, werden Wanderer dennoch toleriert. Nach rund zwei Stunden Fußmarsch wird der Klondike Highway (*Log Cabin*) erreicht.

Auskünfte über den Triebwagenfahrplan sowie einen Eisenbahntrip von Skagway zum White Pass sind erhältlich bei der White Pass & Yukon Route in Skagway bzw. Whitehorse.

Karten/Literatur: Spezielle topographische Karten sind für den Trail nicht erforderlich. Die bei den nachfolgend aufgeführten Informationsstellen erhältliche Karte »Chilkoot Trail« mit diversen nützlichen Angaben reicht für die Begehung aus.

Lesenswert: Archie Satterfield, Chilkoot Pass – The most famous Trail in the North. Eine Beschreibung des Trails und seiner Geschichte.

Ausrüstungstipps

Erfahrene Flusswanderer wissen, dass ein Fluss sein Gesicht und sein Verhalten von Tag zu Tag oder Woche zu Woche verändern kann. Am besten holt man sich vor Ort aktuelle Flussinformationen bei Einheimischen ein.

Besonders nach der Schneeschmelze ist der Yukon mit Vorsicht zu genießen. Es bilden sich große turbulente Strudel, die für kleine Boote gefährlich werden können.

Ab Whitehorse gibt es drei erwähnenswerte Stromschnellen: zum einen die Five Finger Rapids und die Rink Rapids. Eine weitere liegt tief im Herzen Alaskas, nahe Rampart. Alle drei lassen sich gewöhnlich auch von Anfängern in offenen Kanus bzw. Kajaks befahren. (Bitte aktuelle Infos einholen!)

Stellenweise ist der Strom bis zu sieben Kilometer breit (Yukon Flats). Bis zum Zufluss des Pelly River (Kanada) ist der Yukon glasklar. Spätestens der weißgraue, von den Wrangell-St. Elias Mountains heranfließende White River gibt dem Yukon seine graue Farbe, die er bis zum Meer behält.

Anders als in Kanada ist es in Alaska nicht üblich, sich beim Start bei der Polizei ab- und am Ziel zurückzumelden.

Die folgende Checkliste ist nach Art und Dauer der geplanten Tour zu modifizieren.

- Kleidung:
  Turnschuhe, die auch am Feuer getrocknet werden können (also nicht zu viel Kunststoffanteil)
  leichte Wanderstiefel
  Gummistiefel
  lange Hosen

Shorts
Hemden/T-Shirts
Pullover
Jacke
Unterwäsche (ggf. aus Fleece)
warme Strümpfe (mehrere Paare zum Wechseln)
Regenhose/-jacke (Poncho) mit Kapuze (auf stabiles Material achten und nicht am falschen Ende sparen, denn dünnes Nylonmaterial zerreißt an Zweigen)
Hut und Mütze
Handschuhe
- Küchenutensilien:
handlicher Kocher mit entsprechendem Zubehör
kleiner Grillrost zum Kochen über offenem Feuer und zum Grillen von Fisch und Fleisch
Bratpfanne
Kochtopf
Alufolie z. B. zum Backen von Fisch auf leichter Glut
Tee-/Kaffeetopf
Becher, Teller, Besteck
scharfes Messer
Gasfeuerzeuge/wasserbeständige Streichhölzer
- Bootsausrüstung:
Schwimmweste
großer Schwamm und Dose zum Wasserschöpfen
Reservepaddel
Bootsflickzeug
Leinen, z. B. um das Boot an beiden Enden vertäuen zu können
Spritzdeck für Wildwasserfahrer
- Zeltausrüstung:
Zelt mit Moskitonetz

Isoliermatte
Schlafsack mit Wasser abweisendem Bezug
Taschenlampe mit Reservebatterien plus Reservelampe
- Sonstiges:
wasserdichter Aufbewahrungsbehälter für Pass, Geld etc.
Nähzeug, Stoffflicken, Schere
Wasserdesinfektionsmittel (z. B. Micropur)
Waschtasche mit Zahnbürste, Zahnpasta, Seife, Metallspiegel, Rasierzeug etc.
Handtuch
Toilettenpapier/Hygieneartikel
stabiles Klebeband
Expandergummis zum Festhaken und Verschnüren
Notizbuch, Tagebuch, Kugelschreiber und Reservemine
Fotoapparat, Reservefilme (alles wassergeschützt verpacken)
handliches Fernglas
Schweizer Offiziersmesser
Moskitonetz für den Kopf
Insektenschutz (Muscol – in Kanada und USA erhältlich und sehr wirksam)
Lippensalbe/Fettstift
Sonnenbrille
Beil/Haumesser
kleine Säge
Angelausrüstung
Fahrtenmesser
Karten
Flussbeschreibung
durchsichtige Plastikmappe als Regenschutz für Flusskarten
stabile, leichte Nylonseile (für Boot/Lebensmittel)

- Erste Hilfe:
Schmerztabletten (auch gegen Zahnschmerzen)
Wundsalbe
Creme gegen Insektenstiche
Medikament gegen Zerrungen, Blutergüsse, Prellungen
Brandsalbe
Nelkenöl (gegen Zahnschmerzen)
Verbandmaterial
Wasser abweisende Pflaster
desinfizierende Lösungen
Thermometer
Pinzette
Der Hausarzt/Zahnarzt wird gewiss bei der Zusammenstellung der Reiseapotheke beratend zur Seite stehen.
- Notfallausrüstung:
Kompass
Trillerpfeife
kleine Signalpistole mit Leuchtkugeln
Pfefferspray (*Bear Maze*, *Pepper Spray* gegen Bärenangriffe)
wasserdichtes Feuerzeug (gut sind Kunststofffeuerzeuge mit Gasfüllung)
Draht zum Schlingen legen
kleiner Signalspiegel

Unterkühlung (Hypothermia):
Der Flusswanderer wird von offiziellen Stellen in Kanada und Alaska immer wieder vor *Hypothermia* gewarnt. Man spricht davon, wenn die Temperatur im Körperinneren weniger als ca. 35 °C beträgt. Das Absinken der Körpertemperatur kann u.a. durch Kälte, Feuchtigkeit und Wind hervorgerufen werden, wobei Unterkühlung durch Erschöpfung oder ein psychisches

Down verstärkt wird. Anzeichen für Unterkühlung sind z. B. ständiges Zittern, großer Durst, Apathie, bläuliche Haut, schwerfällige Sprechweise. In einem solchen Fall muss man sich schleunigst trocken und warm anziehen. Körpermassage an einem windgeschützten Ort bringt die Blutzirkulation wieder auf Touren, dann sollte man sich im Schlafsack oder mit Decken wärmen. Hilfreich sind auch warme Getränke.

Das Wasser des Yukon ist selbst im Sommer kalt, ca. 5 bis 15 °C. Um eine Unterkühlung zu vermeiden, sollte man sich nach dem dann und wann nötig werdenden Bad im Fluss unbedingt warm anziehen und sich am Lagerfeuer zusätzlich aufwärmen.

Lagerfeuer:
Aus Sicherheitsgründen sollte ein Feuerplatz nur auf Fels, Sand oder Kies errichtet werden. Falls das nicht möglich ist, bitte ein Loch ausheben und mit Steinen am Rand umlegen. Das Feuer ist unbedingt zum Schluss sorgfältigst zu löschen, indem man reichlich Wasser darüber gießt oder Sand auf die Glut streut. Niemals darf eine Feuerstelle im Moos angelegt werden. Es frisst sich nämlich unter der Oberfläche weiter, und schon so mancher Buschbrand ist auf diese Weise entstanden.

Übrigens: Um im Sommer Feuer entfachen zu dürfen, ist in der Regel eine Erlaubnis der Polizei bzw. Forstverwaltung erforderlich. Bitte aktuelle Informationen vor Ort einholen!

Sollte irgendwo ein unkontrolliertes Feuer entdeckt werden, ist bei nächster Gelegenheit die Polizei zu benachrichtigen.

Abfallbeseitigung:
Bedarf es für den Naturfreund einer Erwähnung, dass kein Müll zurückzulassen ist? Brennbare Abfälle sind zu verbrennen, alle sonstigen sind bis zum nächsten Ort mit Mülleimern bzw. Mülldeponie mitzunehmen. Schon beim Einkauf der Vorräte

sollte jeder Reisende auf weniger aufwändige Verpackung achten!

Sonstiges:

Um mehr Wild zu sehen bzw. formatfüllend vor den Kamerasucher zu bekommen, empfiehlt es sich, dicht und nicht zu lautstark am Ufer entlang zu paddeln. Allerdings muss hier mit mehr Treibholz und gelegentlich auch versteckten Hindernissen im Wasser gerechnet werden.

Für die historischen Plätze entlang des Flusses gilt das Motto: Nimm nichts mit außer Fotos, hinterlasse nichts als Fußabdrücke!

Flusskarten

Die nachfolgenden Karten sind eine Orientierungshilfe, bei der der Hauptkanal des Yukon River, der die Strömung bestimmt, durch Pfeile markiert ist. Sehenswürdigkeiten, wie gestrandete Schaufelraddampfer oder Geisterstädte, wurden kurz erwähnt.

Doch ein Fluss ist nicht selten eigenwillig wie jedes lebendige Wesen. Er verändert sein Bett nach Regengüssen oder der Schneeschmelze, Sandbänke erscheinen über der Wasseroberfläche oder verschwinden – je nach Wasserstand. Am zuverlässigsten ist es, vor Ort aktuelle Informationen einzuholen.

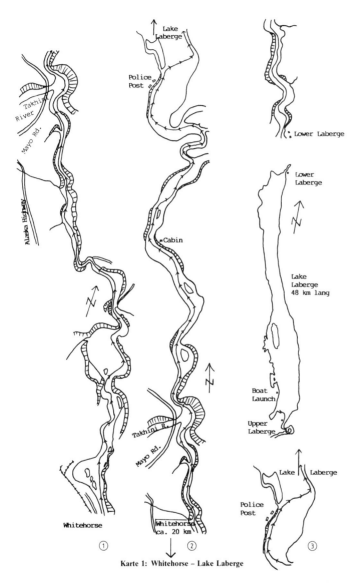

Karte 1: Whitehorse – Lake Laberge

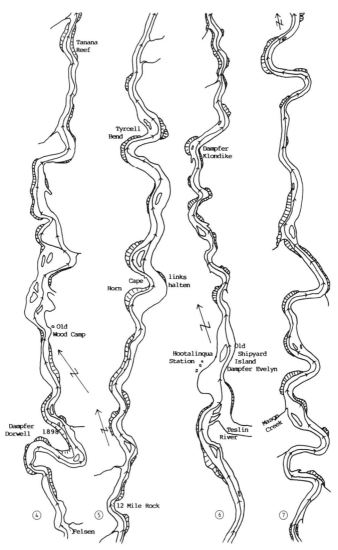

Karte 2: ›The Thirty Mile‹, Hootalinqua bis kurz vor ›Big Salmon-River‹

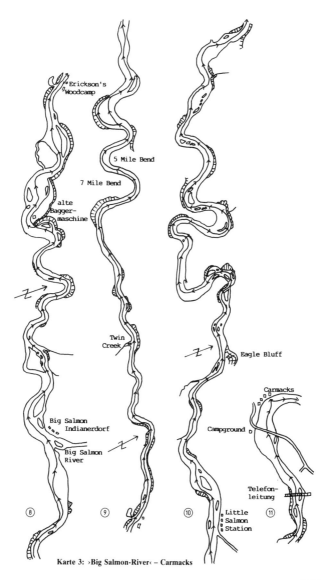

Karte 3: ›Big Salmon-River‹ – Carmacks

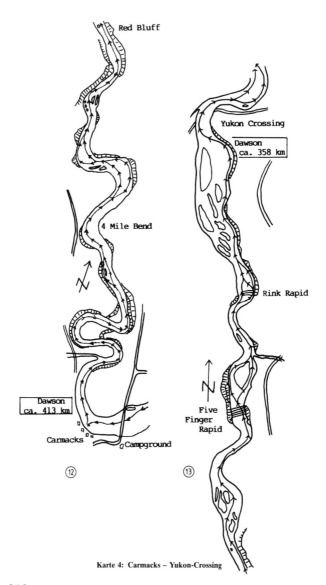

Karte 4: Carmacks – Yukon-Crossing

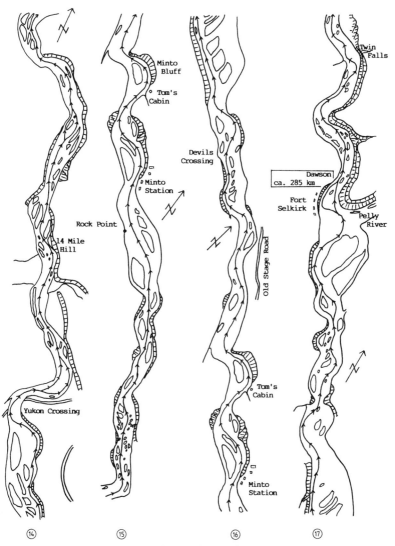

Karte 5: Yukon-Crossing – Fort Selkirk

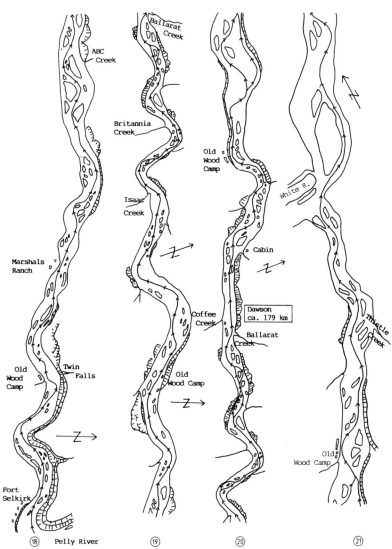

Karte 6: Fort Selkirk (Pelly River), Britannia Creek, Ballarat Creek bis White River

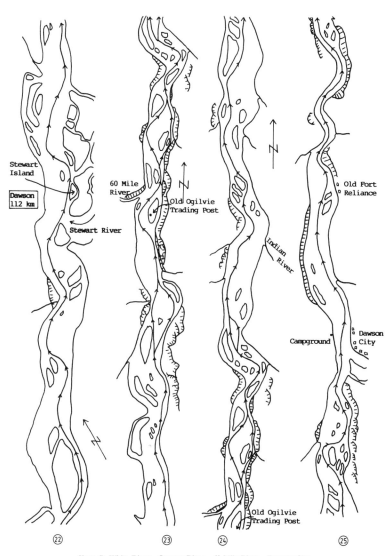

Karte 7: White River – Stewart-River – 60-Mile-River – Dawson City

Land, Leute, Tiere

Verblüffende Fakten: Yukon Territory und Alaska

Was für ein Land im äußersten Nordwesten Kanadas! Mit 486000 km² ist das Yukon Territory weit größer als die Bundesrepublik Deutschland und doch leben hier nur 33000 Menschen. Die sehen sich 50000 Elchen, 185000 *barron ground caribou*, 10000 Schwarzbären und 6800 Grizzlybären gegenüber.

Der höchste Gipfel Kanadas Mount Logan (5971 m) befindet sich in den St. Elias-Bergen im Kluane National Park – nur drei Fahrstunden von der Hauptstadt Whitehorse entfernt – und er liegt im längsten außerpolaren Eisfeld auf Erden. Knapp 5000 Kilometer Straße erschließen heute das Yukon Territory. Und doch ist die Reise auf ihnen kaum mehr als ein Kratzen an der Oberfläche dieser vielfältigen Naturlandschaften. Schier unbegrenzt sind die Outdoor-Möglichkeiten rechts und links der Highways, des Alaska Highway z.B. oder des Klondike Highway 2 nach Skagway bzw. Dawson City, wobei man schon mittendrin in der Yukon-Geschichte ist.

Erst der Bau des Alaska Highway im Jahr 1942 ermöglichte den allgemeinen Zugang. Und doch hatte das Yukon Territory bereits 1898 genauso viele Einwohner wie heute. Damals war es noch Teil der Northwest Territories, jenem gewaltigen von der Hudsons Bay Company verwalteten Gebiet, aus dem nach und nach politische Gebilde wie Provinzen und Territorien gebildet wurden.

Alaska ist mit einer Gesamtfläche von 1518807 km² der größte Bundesstaat der USA und umfasst ein Fünftel der gesamten

Fläche der Vereinigten Staaten von Amerika. Rund 550 000 Einwohner bewohnen die – wie der Staat im Volksmund heißt – »Eisbox«, die am 3. Januar 1959 ein Bundesstaat der USA wurde und als 49. Stern auf der US-Flagge erschien.

Das Design der alaskanischen Staatsflagge – acht goldene Sterne auf blauem Grund – wurde bereits 1926 von dem 16jährigen Benny Benson aus Chignik/Alaska entworfen. Seit 1927 ziert das Motiv die alaskanische Territorialflagge. Als Alaska US-Bundesstaat wurde, übernahm man das 33 Jahre alte Emblem. Nach der Aussage von Benson steht der blaue Grundton für das Blau des alaskanischen Himmels und die Farbe der offiziellen Staatsblume, das Vergissmeinnicht. Die acht Sterne, angeordnet in der Form des Großen Bären, symbolisieren Kraft und Stärke. Der größte, der Polarstern, steht für den nördlichsten Staat der USA.

In vielerlei Beziehung ist Alaska ein Land der Superlative: 10 624 Kilometer lang ist seine Küste. Schließt man die Inseln ein, sind es 54 246 Kilometer. 17 der 20 höchsten Berge der USA befinden sich hier. 19 Gipfel überragen die 4600-Meter-Grenze. Der Mount McKinley, der höchste Berg Nordamerikas, ist 6194 Meter hoch. Er liegt ungefähr 100 Kilometer vom geographischen Mittelpunkt Alaskas entfernt. Das optimistische Staatsmotto lautet: *North to the Future*.

Nach der Statistik ist der Alaskaner jung. Laut Volkszählung von 1990 beträgt das Durchschnittsalter 29,4 Jahre. Die Bevölkerung wächst schnell, doch mit gut einer halben Million Menschen ist sie im Vergleich zu anderen Bundesstaaten äußerst gering. Der Großteil der *Alaskans* lebt im Einzugsbereich der wenigen Städte. Anchorage allein beherbergt rund die Hälfte aller Einwohner des 49. Bundesstaates.

Wer erwartet, Menschen in Iglus vorzufinden, mag enttäuscht sein. Bei aller noch vorhandenen Trapper- und Blockhausromantik ist Alaska eben auch ein US-Bundesstaat mit moderner Krankenversorgung, regem Kulturleben, mit Theater, Kunst, Galerien und Museen. Satelliten übertragen sowohl Fernsehprogramme wie Telefongespräche in die letzten Landeswinkel. Die Schulen – mögen sie auch noch so klein sein – sind auch in entlegensten Regionen mit modernen Medien ausgestattet.

Mehr als 3000 Flüsse und gut drei Millionen Seen gibt es in Alaska. Der Lake Iliamna ist mit 2980 km² der größte. Der Yukon ist der längste Fluss Alaskas.

Mehr als 5000 Gletscher gaben Alaska den Spitznamen »Eisbox Amerikas«. Und kein bewohntes Land der Erde hat mehr davon aufzuweisen. 4 Prozent der Gesamtfläche oder 75 100 km² Land sind von Gletschern bedeckt. Mit 2201 km² ist der Malaspina Glacier der größte.

Alaska rühmt sich, westlichster Punkt (Diomede Island) und gleichzeitig östlichster Punkt der USA zu sein. Der Grund: Die Aleuten dehnen sich über die internationale Datumsgrenze hinaus aus. Point Barrow ist der nördlichste Zipfel der gesamten Vereinigten Staaten.

Die Siedlung Barrow ist nur 1300 Kilometer vom Nordpol entfernt und hat die längste Nacht und den längsten Tag. Wenn sich dort am 10. Mai die Sonne über den Horizont schiebt, geht sie für die nächsten drei Monate nicht unter. Wenn sie am 18. November versinkt, sehen die Einwohner Barrows sie für gut zwei Monate nicht mehr.

Rund 70 aktive Vulkane gibt es in Alaska. Die bisher letzte, größte und gewaltsamste Eruption ereignete sich 1912: Der Novarupta brach aus und ließ damit das »Tal der 10 000 Rauchsäulen« entstehen. Am 27. März 1964 erschütterte das stärkste Erdbeben, das jemals in Nordamerika gemessen wurde (8,4 auf der nach oben offenen Richterskala), Alaska.

Juneau, Alaskas Hauptstadt, ist die einzige US-Hauptstadt, die nicht auf dem Landweg, sondern nur per Flugzeug oder auf dem Wasserweg erreichbar ist.

Die sechs größten Städte Alaskas sind:
Anchorage: 227 000 Einwohner (Stadtgebiet).
Fairbanks: 78 000 Einwohner (Stadt und Umland).
Juneau: 27 000 Einwohner (Stadt und Umland).
Ketchikan: 14 000 Einwohner (Stadt und Umland).
Sitka: 8000 Einwohner (Stadt und Umland).
Kodiak: 6500 Einwohner (Stadt und Umland).

Die Staatssymbole Alaskas sind:
- die Sitkafichte (Vorkommen in Südost- und Zentralalaska). Sie wurde 1961 zum Staatsbaum ernannt.
- das Vergissmeinnicht, beheimatet in den unterschiedlichsten Klimazonen.
- der Königslachs, auch *King Salmon* oder *Chinook Salmon* genannt. Er wird bis zu 45 Kilo schwer.
- das Schneehuhn (*Willow Ptarmigan*). Im Winter verändert es die Farbe seines Gefieders von braun zu schneeweiß.
- Dank reicher Vorkommen gilt Jade seit 1986 als »Staats-Edelstein«.
- natürlich das Gold! Spätestens seit dem Klondike- und Nome-Goldrausch spielt es eine zentrale Rolle in Alaska.

Nationalparks in Alaska

Alaskas erster Nationalpark entstand 1910 in Sitka zur Erinnerung an die Kultur der Tlingit-Indianer und die ersten weißen Siedler. Heute schützen 15 Nationalparks die unterschiedlichsten natürlichen, kulturellen und historischen Stätten. Zehn von ihnen entstanden in der Folge des 1980 unterzeichneten *Alaska Lands Act* durch Präsident Jimmy Carter. Weitere zehn *National Preserves* wurden eingerichtet. Der wesentliche Unterschied zwischen *National Parks/Monuments* und *National Preserves* besteht darin, dass in Letzteren in kontrolliertem Umfang gejagt werden darf. 13 Prozent (375 Millionen *acres*) der gesamten Landmasse Alaskas stehen heute unter dem Schutz des *National Park Service* des US-Innenministeriums. Weiter 87 Millionen *acres* werden als *National Wildlife Refugees* (Tierschutzgebiete) ausgewiesen. Mehr als hundert weitere Gebiete fallen als *State Parks* unter den Schutz des Staates Alaska.

Nachfolgend die *National Parks/Monuments* in alphabetischer Reihenfolge:

Aniakchak

2428 km^2; Lage: Alaska Peninsula. Zugang: mit Wasserflugzeugen zu King Salmon oder Port Heiden.

Herzstück des *National Monuments* ist der mondgleiche Aniakchak-Krater mit einem Durchmesser von zehn Kilometern. 1931 hatte er seine letzte Eruption.

Bering Land Bridge

10927 km^2; Lage: Westküste nördlich von Nome. Zugang: mit Charterflugzeugen von Nome und Kotzebue.

Reststück der einstigen Landverbindung zwischen Asien und

Nordamerika. Heute liegt sie unter den Wassern der Chukchi- und Beringsee, während der Eiszeit jedoch wanderten hierüber die Inuit und Indianer nach Nordamerika ein. Bemerkenswert sind die zahlreichen heißen Quellen in diesem Gebiet.

Cape Krusenstern

2671 km^2; Lage: Westküste, im Kotzebue Sound, nordwestlich von Kotzebue. Zugang: mit Charterflugzeug oder Boot von Kotzebue aus. Kotzebue wird täglich mit Linienmaschinen von Anchorage und Fairbanks angeflogen.

Die Geröllstrände von Cape Krusenstern bergen historische Hinterlassenschaften von Inuit, die hier während der letzten 5000 Jahre Seetiere jagten. Noch heute ist es die Heimat der Inuit, die mit Gewehren, aber auch auf traditionelle Weise, nämlich mit Harpunen, im Treibeis auf Seehundjagd gehen.

Denali

24 282 km^2; Lage: Südzentral-Alaska. Zugang: mit Kfz über Highway 3 von Anchorage oder Fairbanks aus.

Mount McKinley, Amerikas höchster Berg, ist neben den Bären, Elchen, Wölfen und Karibus die Hauptattraktion des Parks. Während der Sommermonate ist die Fahrt durch den Park nur mit dem kostenpflichtigen *shuttle bus* möglich.

Gates of the Arctic

33 994 km^2; Lage: Nordzentral-Alaska. Zugang: regelmäßige Flüge von Fairbanks nach Bettles/ Evansville und zum Anaktuvuk-Pass.

Nördlich des Polarkreises gelegen, schließt der Park die Brooks Range, den nördlichsten Ausläufer der Rocky Mountains, ein. Es ist eine absolute Wildnis, die schon in den 1930er

Jahren den Arktisforscher Robert Marshall fesselte. Noch immer sind hier zwei Volksgruppen zu Hause; die Athabasca-Indianer der Taiga und die Nunamiut-Eskimos, die in den Hochtälern Karibus jagen.

Glacier Bay

13 355 km²; Lage: Südost-Alaska, westlich von Juneau. Zugang: per Tour- oder Charterboot und per Flugzeug, vor allem von Juneau, aber auch von anderen Orten Südost-Alaskas aus erreichbar.

Bis zu 5000 Meter hoch recken sich die Küstenberge über die von Gletschern gesäumte Bucht. Gute Beobachtungsmöglichkeit von Walen, Seehunden, Grizzlys, Schwarzbären und Adlern. Parkzentrum in Gustavus.

Katmai

16 188 km²; Lage: Südwest-Alaska, westlich von Kodiak Island. Zugang: Linienflüge von Anchorage bis King Salmon von Juni bis Labour Day (1. Montag im September). Von King Salmon aus sind Charterflüge in den Park von Mai bis Oktober möglich.

Die Eruption des Mount Katmai im Jahre 1912 war eine der gewaltigsten, die jemals registriert wurde. Zurück blieb das *Valley of 10 000 Smokes*. Katmais natürliche Attraktionen sind Seen, Flüsse, Wasserfälle und eine pittoreske Küste. Dies ist die Heimat der riesigen Braunbären.

Kenai Fjords

2707 km²; Lage: südlich von Anchorage zwischen Homer und Seward. Zugang: Seward, erreichbar über den Seward Highway, ist das Tor zu Kenai Fjords. Von hier aus gelangt man mit Charterbooten und Flugzeugen in den Park.

Das Harding Icefield, einer der vier größten Inlandgletscher der USA, ist das Highlight. Die Kenai Fjorde sind Zeugen früherer Gletscheraktivitäten. Seelöwen räkeln sich auf ihren Felsen. Ferner leben hier Seeottern, Killerwale und an den Felswänden erstaunlich viele Bergziegen.

Klondike
53 km^2; Lage und Zugang: Skagway (Südost-Alaska).

Erinnerungen an den großen Klondike-Goldrausch von 1896/98. Skagway ist das Zentrum mit dem *Trail of '98 Museum*.

Kobuk Valley
6880 km^2; Lage: Nordwest-Alaska, östlich von Kotzebue am Kobuk River. Zugang: tägliche Linienflüge von Anchorage nach Kotzebue. Charterflüge/-boote von dort in den Park.

Sehenswert: ein 65 km^2 großes Dünengebiet, in dem Sommertemperaturen nicht selten die 30°C-Marke erreichen. Sowohl Kobuk wie Salmon River sind hervorragende Kanu- und Kajakgewässer. Große Karibuherden durchqueren den Kobuk River bei Onion Portage, wo sie noch immer von Inuit gejagt werden dürfen. Die Spuren menschlicher Aktivitäten an der Portage lassen sich über 12500 Jahre zurückverfolgen. Und noch heute ist das Tal eine sehr wichtige Nahrungsquelle für die Menschen der Region; gejagt werden neben Karibus auch Elche, Bären und Wasservögel.

Lake Clark
16188 km^2; Lage: Südzentral-Alaska, westlich von Anchorage. Zugang: Charterflugzeuge von Anchorage, Kenai und Iliamna.

Die Bergketten der Alaska und Aleuten Range treffen sich

hier. Apostrophiert werden sie als »Die Alpen Alaskas«. Highlights: zerklüftete Gipfel, Gletscher, zwei aktive Vulkane und der 80 Kilometer lange Lake Clark, in den Hunderte von Wasserfällen stürzen. Die großen Wildbestände sind beeindruckend.

Noatak

26 305 km²; Lage: Nordwest-Alaska, nordöstlich von Kotzebue. Zugang: mit Linienmaschinen von Fairbanks oder Anchorage nach Kotzebue und Bettles/Evansville. Von dort fliegt man weiter mit Charterflugzeugen.

Der Park schützt das größte noch unberührte Flussbecken der USA. Nördlich des Polarkreises fließt der Noatak River von Mount Igikpak in der Brooks Range in den Kotzebue Sound. Auf seinem 680 Kilometer langen Weg formte er u. a. den Grand Canyon des Noatak. Die UNESCO schützt den Noatak River, der bei Kanuwanderern und Kajakfahrern sehr beliebt ist, als *International Biosphere Reserve*. Bis auf Wildwasserpassagen im unteren Flusslauf ist er ein zumeist ruhig fließender Fluss.

Sitka

0,5 km²; Lage: Südost-Alaska, Inside Passage. Zugang: Linienflüge z. B. von Anchorage und Juneau aus sowie regelmäßiger Fährverkehr.

Sitka war über ein halbes Jahrhundert lang Alaskas Hauptstadt, sowohl im wirtschaftlichen als auch im kulturellen Sinne. Sehenswert: Totempfähle, im *Visitor Center* Ausstellungen über Kunst und Leben der Tlingit-Indianer.

Wrangell-St. Elias

52 632 km²; Lage: Südliches Ost-Alaska, östlich von Valdez. Zugang: Parkhauptquartier ist in Glennallen, 304 Kilometer östlich

von Anchorage – erreichbar auf asphaltierten Straßen. Von dort führen zwei einfache Straßen in den Park: die McCarthy Road (98 Kilometer sind es von Chitna nach McCarthy) und die 73 Kilometer lange Strecke von Slana nach Nabesna. Bei normalen Witterungsverhältnissen auch mit zweiradgetriebenen Fahrzeugen befahrbar. *Air Taxis* bringen Besucher von Gulkana und McCarthy zu mehr als 200 *bush airstrips* im weitläufigen Parkgelände.

Wrangell-St. Elias und der kanadische Kluane National Park (Yukon Territory) stoßen aneinander. Wegen ihrer Einmaligkeit sind sie in die *World Heritage List* der Vereinten Nationen aufgenommen. Nordamerikas größte Ansammlung von Gletschern und Gipfeln oberhalb der 5000-Meter-Marke befindet sich hier.

Yukon Charley Rivers

10 117 km²; Lage: östliches Alaska nahe Eagle. Zugang: auf dem Taylor Highway nach Eagle oder auf dem Steese Highway von Fairbanks nach Circle. Ebenfalls Linienflüge dorthin von Fairbanks aus.

Yukon Delta National Wildlife Refuge

81 000 km² groß mit immensem Vogelreichtum: 750 000 Schwäne, zwei Millionen Enten und weitere 100 Millionen Wasser- und Ufervögel. Flüsse, Wasserarme, Seen und Teiche prägen das Bild dieses Naturschutzgebietes, in dem Orte wie St. Marys und Bethel liegen. Nach Nordwesten durchzieht es der Yukon River bis zum Beringmeer, nach Südwesten der zweitgrößte Strom Alaskas, der Kuskokwim River.

Das *Refuge* ist nur per Boot oder Flugzeug erreichbar. Airlines fliegen von Anchorage nach Bethel, St. Marys und Aniak. Charterflüge zu anderen Siedlungen können arrangiert werden. Unterkunftsmöglichkeiten sind allerdings nicht zu erwarten. Große Teile des Wildschutzgebietes gehören den Yup'ik, den Ureinwohnern, die hier in 42 Dörfern leben.

National Forests in Alaska

Alaska hat mit Tongass und Chugach National Forest die beiden größten *National Forests* der USA. In beiden gibt es 26 Campingplätze, zumeist mit fließendem Wasser, Picknicktischen, Toiletten, Stellplätzen für Zelte, Autos oder Wohnwagen. Für Trinkwasser und Abfallbeseitigung ist fast überall gesorgt.

Der *Forest Service* verwaltet hier ca. 200 Hütten (*public use cabins*), die für jedermann zugänglich sind.

In beiden *National Forests* gibt es Wanderwege, die zusammengenommen eine Länge von rund 1300 Kilometern ausmachen.

Insgesamt liegen 19 Naturschutzgebiete (*wilderness areas*) mit 2 300 000 Hektar im Tongass National Forest, zwei davon sind *National Monuments,* nämlich Misty Fjords und Admiralty Island. Die Kootznoowoo Wilderness, von den Tlingit-Indianern auch »Festung der Bären« genannt, macht die gesamten 395 000 Hektar von Admiralty Island aus.

Es gibt zahlreiche Möglichkeiten für Tierbeobachtungen, insbesondere Bären sind lohnende Objekte. Beliebt sind Pack Creek auf Admiralty Island, Anan Creek südlich von Wrangell und Hyder an der kanadischen Grenze nahe Ketchikan. Genehmigungen zur Bärenbeobachtung sind nur für Pack Creek erforderlich und werden vom *Forest Service Information Center* in Juneau erteilt. Die Besucherzahl am Anan Creek ist limitiert. Aktuelle Informationen erteilen die Forest Service-Büros.

In den Süß- und Salzwassern beider Parks bestehen ausgezeichnete Angelmöglichkeiten: U.a. gibt es Forellen, verschiedene Lachsarten, Heilbutt, Dolly Varden, Rotbarsch und Hering.

Informationen über den Tongass National Forest:

Forest Service Information Center, 101 Egan Drive, Juneau, Alaska 99801.

Informationen über den Chugach National Forest:

Chugach National Forest, 3301 C-St., Suite 300, Anchorage, Alaska 99503.

Beim *Forest Service* kann gutes Kartenmaterial bezogen werden. Der schriftlichen Kartenbestellung ist eine *money order* in US-Währung beizufügen.

Karten:

Tongass Forest Visitor Map, Chugach Forest Visitor Map, Road Guide Maps. Ferner: Canoe and Kayak Route Maps – Admiralty Island, Misty Fjords, Kuiu Island, Stikine River sowie Wilderness und National Monument Maps (Misty Fjords und Admiralty Island).

Jede Karte kostet nur wenige US$. Aktuelle Preise bitte vorab bei den Forest Service-Büros erfragen.

Bär, Elch, Karibu und andere Wildnisbewohner

Seit Jahrtausenden sind Bären im Yukon Territory und in Alaska zu Hause. Wir sind hier nur Gäste auf Zeit. So lautet das erste Gebot für den Gast Zurückhaltung.

Um Bären nicht anzulocken, sollten Zeltplätze sauber gehalten werden. Sofern ein Auto vorhanden ist, sind Lebensmittel im Kofferraum zu verstauen. Bitte niemals im Zelt kochen. Essensgerüche sind eine Einladung für jeden Bären, der er gern nachkommen wird. Für den Paddler gilt: keinesfalls Lebensmittel im Zelt verstauen. Am sichersten sind sie an einer Leine zwischen zwei Bäumen aufzuhängen oder unter Steinen am Ufer zu verstecken.

Bären sind grundsätzlich nicht aggressiv. Um sie nicht zu erschrecken, vielmehr sie rechtzeitig auf sich aufmerksam zu machen, sollte man Geräusche machen, zum Beispiel ein Lied singen oder sich notfalls mit sich selbst laut unterhalten. Manche Buschwanderer tragen ein Glöckchen am Gepäck.

Falls es doch einmal zu unerwünschten Bärenkontakten kommen sollte, nützt Fortlaufen nichts. Meister Petz ist nämlich schnell. Daher zunächst verharren und nicht zu laut vor sich hin sprechen. Dem Tier wird so signalisiert, dass vom Menschen keine Gefahr ausgeht. Dabei ganz langsam den Rückzug in Richtung Baum antreten. Die zum Glück kaum aggressiven Schwarzbären sind zwar gute Kletterer, die eher angriffslustigen Grizzlys jedoch weniger.

Wenn alle Stricke reißen, sollte man den Totstelleffekt anwenden: sich auf den Boden legen, mit dem Gesicht nach unten, die Hände über dem Nacken gefaltet. Es ist festgestellt worden, dass Bären dem Menschen dann, wenn überhaupt, nur geringfügige Verletzungen zufügen. Ich geb's zu, das kostet Nerven!

In Sportgeschäften vor Ort gibt es ein Spray (*pepper spray* oder *bear maze*) als Bärenschutz mit einem Wirkungsbereich von etwa fünf Metern. Das mag beruhigen, gibt aber keine Garantie. Vorsicht: Das Spray besteht u. a. aus einem extrem scharfen Chili-Extrakt. Bei Gegenwind setzt es auch seinen Benutzer außer Gefecht. Niemals im oder aus dem Auto heraus verwenden! Niemals im Flugzeug transportieren!

Der Grizzly (*Ursus arctos horribilis*) ist eine Unterart des nordamerikanischen Braunbären, dessen nächster Verwandter der Kodiakbär (*Ursus arctus middendorffi*) auf Kodiak Island ist. Einst war der Braunbär über die gesamte westliche Hälfte Nordamerikas verbreitet. Mit Ausnahme weniger US-Staaten wie Montana, Idaho, Wyoming und Utah ist er heute nur noch in Alberta, British Columbia, Yukon, Northwest Territories, Nunavut und Alaska anzutreffen. Während der Grizzly das bergige Inland vorzieht, lebt der Braunbär in den Küstenregionen. Man hat Grizzlys von 550 Kilo ermittelt, doch im Durchschnitt liegt ihr Gewicht bei 250-350 kg. Größe und Körpergewicht variieren und sind abhängig von Lebensraum, Klima und Futterbedingungen. Während Kodiakbären oder ihre Vettern im Katmai-Gebiet dank reichen Lachsangebots wahrhaft gewaltige Ausmaße annehmen und ein Gewicht von bis zu 750 kg erreichen, sind z.B. die Grizzlys der kargen und kalten Brooks Range eher klein und mit maximal 250 Kilo vergleichsweise Leichtgewichte. Weibliche Bären wiegen erheblich weniger, oftmals nur die Hälfte.

Wie kann man einen Braunbären von dem in den Wäldern beheimateten Schwarzbären unterscheiden?

Die Farbe ist kein wesentliches Merkmal, denn trotz seines Namens ist Letzterer in vielen Farbvarianten – von zimtfarben über braun bis blauschwarz – vertreten. Das Erscheinungsbild des Braunbären/Grizzlys ist jedoch massiger, seine Schnauze ist im Gegensatz zu der spitzeren des Schwarzbären vorn nach oben gezogen. Das charakteristische Unterscheidungsmerkmal allerdings ist ein sich über den Schulterblättern erhebender Muskelberg, der so genannte Grizzly-Buckel.

Bären gehören zu den meistverbreiteten wilden Tieren Nordamerikas. Schwarzbären sind auch häufig anzutreffende Gäste auf Müllkippen und Campingplätzen, wohin sie eine untrügliche Nase und ihr ständiger Appetit führt. Männliche Tiere wiegen im Schnitt 135 kg (bis zu 270 kg sind allerdings schon festgestellt worden). Weibliche Schwarzbären sind relativ klein und wiegen im Mittel nur 70 kg.

Der nordamerikanische Name für einen anderen Großen der Wildnis, den Elch (*Alces alces*), ist *Moose*. Mit etwas Glück, Kenntnis der Lebensräume und örtlicher Bedingungen bestehen sowohl im Yukon Territory wie auch in Alaska gute Chancen, diesen König der nordischen Wälder formatfüllend vor die Kamera zu bekommen. Eine eindrucksvolle Erscheinung ist das männliche Tier: Mit einer Schulterhöhe, die die eines großen Reitpferdes überragt, wiegt es bis zu 800 Kilo (500 kg ist Durchschnitt). Gewaltig ist auch das Geweih: Eines der Größten hatte 33 Enden und eine Spannweite von 170 cm. Unverwechselbar in seiner Erscheinung ist der langbeinige Elch mit weit spreizbaren Zehen perfekt an den nordischen Lebensraum mit seinen sumpfigen Niederungen, Flüssen, dem Buschwerk der Tundren und dem tiefen Schnee angepasst. Zwischen September und Oktober ist Paarungszeit. Die Größe des Geweihs beim männlichen Tier ist auch hier Maßstab für die Rolle, die es unter seinesgleichen spielt. Rivalen, die sich trotzdem nicht beeindrucken lassen, werden durch Aggressionsgehabe eingeschüchtert, bei dem u. a. mit den Schaufeln Bäume und Büsche nieder gefegt werden. Bleibt auch das erfolglos, kommt es zu Auseinandersetzungen, bei denen sich die Gegner kraftvoll ca. sechs bis sieben Schritte wechselseitig hin und her drücken. Manche Kämpfe enden mit dem Tod des einen oder auch beider Tiere, u. a. dann, wenn sich die Geweihe dabei untrennbar ineinander verhakt haben.

Ab Mai/Juni werden die Jungen geboren. Das ist allerdings auch die große Zeit der nach dem Winterschlaf besonders hungrigen Grizzlys und Schwarzbären, denen dann so mancher Elchnachwuchs (schätzungsweise bis zu 75 Prozent) zum Opfer fällt. Dank ihrer Größe und Kraft haben erwachsene Elche nur wenige Feinde. Neben Bären sind es hauptsächlich Wölfe, die in Rudeln während des Winters Jagd auf sie machen. Bis zu 20 Minuten halten Elche dabei eine Fluchtgeschwindigkeit von bis zu 55 km/h durch.

Das Karibu ist sowohl in Alaska wie auch in Nordwest-Kanada weit verbreitet. Es gehört zur Familie der Hirsche. Seine Besonderheit ist, dass beide Geschlechter ein Geweih tragen. Die Fähigkeit der Karibus, hauptsächlich von Flechten zu leben, ermöglichte ihr Überleben im extremen Norden. Ihr ausgezeichneter Geruchssinn hilft ihnen, die Flechten auch unter tiefstem Schnee zu lokalisieren. Von der nur in Nordamerika vorkommenden Art lebt das alaskanische Grant's Cariboo in dem Gebiet westlich des Mackenzie River bis zur Westküste Alaskas. Wolfsrudel folgen den großen Migrationsrouten, auf denen die Tiere von den Sommer- in die Wintereinstandsgebiete ziehen. Zwischen elf und 14 Karibus reißt ein Wolf pro Jahr. Doch seine Nahrung besteht ebenfalls aus Mäusen.

Auch das Leben vor den Küsten Alaskas ist reich; in der Tschuktschensee und dem Beringmeer sind die bis zu 1500 kg schweren Walrosse zu Hause. Mehr als 10 000 von ihnen zieht es im Sommer in die lachsreiche Bristol Bay der Alaska Peninsula. Bis zu einer Million Pelzrobben versammeln sich jedes Jahr auf den Pribilof-Inseln im Beringmeer. In den Küstengewässern Südost-Alaskas sieht man nicht selten putzige Seeotter auf dem Rücken im Wasser treiben und mit Hilfe von Steinen Muscheln zertrümmern. Die Bestände der einst bei Pelzhändlern so begehrten Tiere haben sich längst erholt. Ihr Pelz – bis zu 100 000 feinster Härchen auf einem Quadratzentimeter – wurde vor 200 Jahren auf den Märkten Chinas noch mit Gold aufgewogen.

Belugawale spielen unterhalb der Strände der Großstadt Anchorage im Wasser. Und während einer Fährfahrt durch die Inside Passage Südost-Alaskas sichtet man die aufspritzenden Fontänen von Buckelwalen. Manchmal auch tauchen die bis zu 40 Tonnen schweren Meeressäuger wie in Zeitlupe aus dem Wasser. Südost-Alaskas Küste ist für sie ein mit Fischen und Krill reich gedeckter Tisch, an dem sie tafeln, bevor sie im Herbst zu den wärmeren Gewässern Mexikos oder Hawaiis ziehen.

Doch kein anderes Tier beeinflusste die Erforschung des nordamerikanischen Westens so wie der Biber (*Castor canadensis*), und entsprechend häufig findet sich sein Bild auf Münzen und Emblemen. Hunderte von Seen sind nach ihm benannt, Ortschaften, Flüsse und Berge tragen den Namen des freundlichen Pelzträgers.

Er ist das größte Nagetier in Nordamerika. Außergewöhnliche Schwergewichte erreichen bis zu 45 Kilo Gewicht. Im

Mittel liegen sie jedoch zwischen 18 und 36 Kilo. Den 30 bis 36 Zentimeter langen Schwanz eingerechnet, kann ein Biber 1,4 Meter lang sein. Das ist beeindruckend, doch wenig im Vergleich zu dem prähistorischen Biber, der zeitgleich mit den Mastodons und Mammuts in Nordamerika lebte und bis zu 360 Kilo wog.

Den Dammbau erledigt der Biber oft im August. Nach der Fertigstellung wird der eigene Bau, die *beaver lodge*, gebaut. Das geschieht in der Regel im September. Bald schon, im Oktober, wird das Leben der Nager hektisch, denn der Winter steht vor der Tür und die letzten Vorräte sind einzubringen. Bäume werden reihenweise umgelegt, in kurze Stücke gebissen, in den See gezogen und an sicherer Stelle unter Wasser in einer Art Vorratsbehälter angelegt. Diese Reserven müssen den langen Winter über reichen. Täglich kommen die Tiere während des Winters hierher, um Zweige und Holzstücke in ihren Bau zu schleppen. Schließlich ernährt sich ein erwachsener Biber von einem guten halben Kilo Rinde pro Tag.

Chronik über 35 000 Jahre

Ab 35 000 v. Chr.   Nomadisierende Jägervölker aus Asien wandern in mehreren Wellen über die Beringstraße, einer wegen niedriger Weltmeeresspiegel freiliegenden Landverbindung, von Ostasien und Amerika ein.

Ca. 5000 v. Chr.   Die indianische Bevölkerung ist dünn gestreut. Die Menschen leben als Jäger, Beerensammler und Fischer. Ethnische Zugehörigkeiten haben sich noch nicht herausgebildet. Erst später werden sich zwei Hauptgruppen bilden: die Algonquin-Indianer in Mittel- und Ostkanada und die Athabasca-Indianer im Nordwesten.

Ab 2000 v. Chr.   Neuankömmlinge (Dorset, Okvik, Ipiutak) aus Nordostasien erscheinen an der Küste. Nach ihren mongolischen Gesichtszügen zu schließen, war ihre frühere Heimat vermutlich Nordost-Asien.

1610 n. Chr.   Der englische Seefahrer Henry Hudson entdeckt auf der Suche nach einem Seeweg von Europa nach Asien die später nach ihm benannte Bucht des Nordpolarmeeres, die Hudson Bay.

1670   Gründung der Hudson's Bay Company, die vom englischen König, Charles II., ein Territorium von 4 Millionen km², das bis an die Grenze des heutigen Alaska reicht, zugesprochen bekommt.

1741   Der dänische Forscher Vitus Bering segelt mit russischen Seeleuten nach Alaska.

1745   Russische Pelzhändler besiedeln die Aleuten. Die Kolonialisierung Alaskas beginnt.

1778   Captain James Cook erforscht die Küste Nordwest-Amerikas systematisch. Sein anschließender Versuch, die

Northwest Passage zu finden, misslingt. Er befährt das Cook Inlet, an dem heute Anchorage liegt, und durchsegelt die Beringstraße. 1779 wird er auf Hawaii erschlagen.

1784 Der russische Händler Gregor Schelikof gründet die erste Jagd- und Handelsniederlassung an der Three Saints Bay auf Kodiak Island.

1790 Alexander Baranof (der »König von Alaska«) wird für 27 Jahre den organisierten russischen Pelzhandel in Alaska betreiben.

1792–1794 Mit der *HMS Discovery* kartografiert George Vancouver, der schon mit Kapitän Cook in der Region gereist war, als Erster die Westküste von Südost-Alaska bis Kalifornien.

1799 Gründung der Russisch-Amerikanischen–Gesellschaft, im Besitz Russlands. Ihr Ziel: Pelzhandel und Erschließung des Landes sowie Christianisierung. Baranof und Baron von Wrangell sind ihre Direktoren.

1804 Sitka (damals Neu-Archangelsk) wird die Hauptstadt von Russisch-Alaska.

1867 Für 7,2 Millionen Dollar wird Alaska von den USA erworben. William Seward, *US-Secretary of State*, führt die schwierigen Verhandlungen auf amerikanischer Seite. In Amerika gibt es viel Kritik an diesem Handel, denn man sieht wenig Nutzen in Alaska und nennt es spöttisch *Seward's Icebox*. Die USA kaufen Russland 1 518 800 km² Land für weniger als 5 Cent pro Hektar ab!

1873 Die Goldsucher Jack McQuestern, Arthur Harper und Alfred Mayo beginnen mit der Goldsuche am Yukon River.

1880 Indianer gestatten es Goldsuchern, den Chilkoot-Pass zu benutzen.

Mit Joe Juneau und Richard Harris beginnt der eigentliche Goldrausch. Glücksritter strömen dorthin, wo bald die Hauptstadt Juneau entsteht.

1881 Eine Eisenbahngesellschaft, die später unter dem Namen Canadian Pacific Railway bekannt wird, erhält den Auftrag zum Bau der Eisenbahnstrecke Winnipeg-Pazifik zum Preis von 25 Millionen Dollar in bar. Der kanadische Westen wird erschlossen.

1884 Der Kongress verabschiedet den *Organic Act of 1884*, wodurch Alaska eine zivile Regierung erhält.

1896 Goldfunde am kanadischen Klondike, einem Zufluss des Yukon River.

1897 Die beiden Schiffe *SS Exelsior* und *SS Portland* erreichen San Francisco und Seattle voll beladen mit Gold. Tausende von Glücksrittern machen sich auf nach Dawson City.

1898 Goldrausch in Nome.
65 Menschen sterben durch eine Lawine am Chilkoot Pass.
US-Soldaten kommen nach Skagway, um für Recht und Ordnung zu sorgen.
Die Eisenbahnstrecke der White Pass & Yukon Railway wird gebaut. Bereits am 29. Juli 1900 ist sie fertig gestellt.

1900 29 500 Eskimos, Indianer und Aleuten leben in Alaska. Die Zahl der Weißen wächst auf 30 300 an.

1902 Felix Pedro findet Gold am Pedro Creek, was später zur Gründung von Fairbanks führt.

1908 Alaskas Straßenbehörde vermisst die Route von Seward nach Nome, dem heutigen Iditarod Trail.

1912 Alaska erhält den Status eines *US-Territory*.

1914 Die Zeltstadt am Cook Inlet wird Anchorage genannt.

1935 Im *Matanuska Valley Project* werden Hunderte von Familien aus dem dürregeplagten Mittleren Westen der

USA ins Matanuska-Tal nördlich von Anchorage umgesiedelt. Sie legen den Grundstein für ertragreichen Gemüseanbau in Alaska.

1942 Im Zweiten Weltkrieg landen japanische Truppen auf den Aleuten. Als Aufmarschweg für US-Truppen wird im selben Jahr der Alaska Highway gebaut.

1951 Der Anchorage International Airport wird eröffnet. Die Stadt entwickelt sich zum Wirtschaftszentrum Alaskas. Während der 50er Jahre wächst die Bevölkerung von Anchorage um 60 Prozent.

1959 Alaska wird 49. Bundesstaat der USA.

1964 Das Karfreitags-Erdbeben erschüttert Alaska. Mehr als 100 Tote sind zu beklagen, dazu kommen 500 Millionen Dollar Sachschaden.

1968 In Prudhoe Bay, nahe Point Barrow, wird Erdöl entdeckt.

1971 Verabschiedung des *Alaska Native Claim Settlement Act*: Gesetz zur Regelung der Ansprüche der Ureinwohner Alaskas, denen 16 Millionen Hektar Land und mehr als 900 Millionen Dollar zugesprochen werden.

1974 Auftakt zum Bau der *Trans Alaska Pipeline*.

1977 Fertigstellung der 1285 Meter langen *Trans Alaska Pipeline*. 1,2 Millionen Barrel Erdöl pro Tag fließen in die Behälter und Containerschiffe des eisfreien Hafens Valdez.

1980 Die Zahl der Einwohner Alaskas ist in zehn Jahren um 32,4 Prozent gestiegen.

1989 Der Supertanker *Exxon Valdez* läuft im Prince William Sound auf ein Riff und verursacht eine Ölkatastrophe.

1999 *Musher* und Schlittenhundezüchter Joe Redington sen., der Vater des Iditarod-Schlittenhunderennens, stirbt. In Alaska hängen die Flaggen auf Anordnung des Gouverneurs Knowles auf Halbmast.

Reiseplanung

Praktische Reisetipps

Anreise nach Alaska

Mit dem Flugzeug
Nonstop nur mit Condor von Frankfurt nach Anchorage. Es gibt auch Linienflüge – z. B. mit Lufthansa, United Airlines, KLM nach Anchorage. Allerdings sind dies keine Nonstop-Flüge. Mindestens einmal muss der Flug in Kanada oder den USA unterbrochen und auf eine andere Fluggesellschaft gewechselt werden.

Mit dem Schiff
Von Mai bis September fahren Kreuzfahrtschiffe ab Vancouver (Kanada), San Francisco und Anchorage durch die Inside Passage nach Südost-Alaska. Charterboot-Betreiber unternehmen vor Ort Tagesausflüge zu den bedeutendsten Sehenswürdigkeiten. Das staatliche Fährsystem innerhalb der alaskanischen Küstengewässer ist hervorragend ausgebaut.

Mit der Bahn
Eine direkte Bahnverbindung zwischen den südlichen US-Staaten und Alaska existiert nicht. Im Bundesstaat selbst verkehrt lediglich die Alaska Railroad. Für die 560 Kilometer lange Strecke Anchorage – Fairbanks mit Stopp am Denali National Park sind zwölf Stunden einzuplanen. Große Fenster und spezielle Aussichtswagen machen die Reise zum Urlaubsvergnügen.

Mit dem Auto

Nur zwei Straßen verbinden Alaska mit dem restlichen Amerika: der nur im Sommer befahrbare »Top of the World Highway« von Dawson City nach Eagle und der ganzjährig zu befahrende Alaska Highway. Die Anreise von Kanada auf dem Landweg ist bereits einer der Höhepunkte einer Alaskareise. Der Alaska Highway beginnt in Dawson Creek (Meile 0) und endet nach 2244 Kilometern in Fairbanks. Er ist gut ausgebaut (der alaskanische Teil ist durchgängig asphaltiert) und mit einem immer dichter werdenden Netz von Servicestationen (Tank- und Reparaturstellen, Motels und Restaurants) ausgestattet.

Einreise

Geschäftsleute und Touristen brauchen für Reisen bis zu 90 Tagen kein Visum. Für längere Aufenthalte in Kanada sowie Alaska ist ein Visum (gegen Bearbeitungsgebühr) bei der Konsularabteilung der Botschaft oder einem Generalkonsulat zu beantragen (Dauer: ca. 4 Wochen).

Geld

Im Yukon Territory zahlt man mit dem Canadian Dollar, in Alaska gilt die Währung der USA: der US-Dollar. Wechselmöglichkeiten bestehen in größeren Banken.

In entlegenen Regionen wird gern *Cash*, Bargeld, gesehen. Doch überall in Kanada und Alaska werden auch Reiseschecks akzeptiert und wie Bargeld angenommen.

Wichtig für Alaska: Nur der in US-Dollar ausgestellte Reisescheck zählt im Land (hohe Wechselgebühren für alle anderen Schecks).

Kreditkarten sind ein gängiges Zahlungsmittel. Wer ein Auto mieten will, benötigt sie als Sicherheit, und im Krankheitsfall sind sie zumeist unentbehrlich. Die in Europa weit verbreitete Eurocard, die auch den Master-Card-Service beinhaltet, lässt sich auch in Alaska überall einsetzen. Gleiches gilt für Visacard. Die übrigen Kreditkarten, z. B. American Express, werden nicht überall akzeptiert.

Sicherheit *(backcountry safety)*
Lassen Sie einen Plan mit Daten über Ihren Tripp bei Freunden, Bekannten oder auch an der Hotelrezeption zurück. Im Notfall erleichtert das die Suche. Nicht vergessen sollte man, sich nach erfolgreicher Tour zurückzumelden!

Moskitos können eine Plage sein, daher ein Moskitoschutzmittel oder ein über den Hut zu stülpendes Moskitonetz nicht vergessen. Tipp: Es gibt auch Mützen mit einem Moskitonetz.

Wasser auch aus sauberen Flüssen nicht unbehandelt trinken. Geschmacksneutrale Micropur-Tabletten sind im Heimatland in der Apotheke erhältlich. Sie gehören unbedingt ins Handgepäck.

Paddler sollten bedenken, dass das Wasser auch im Sommer extrem kalt ist. Schwimmwesten tragen!

Das Wetter ist schwer vorhersehbar und wechselt schnell. Guter Regenschutz gehört ins Gepäck.

Generelle Empfehlung: Zwiebelprinzip! Mehrere Lagen an Kleidung übereinander zu tragen ist besser als nur ein oder zwei dicke Kleidungsstücke anzuziehen.

Klima
Drei Klimazonen bestimmen das Wetter Alaskas und des Yukon Territory; die der Küste, die des *Interior* (Inland) und die der Arktis. Das Meer bestimmt die Niederschläge an den Küsten. Entsprechend hoch ist auch der Niederschlag im Winter. Gern weist Valdez auf seine Schneerekorde hin. Der mittlere Schnee-

fall in nur einem Winterhalbjahr beträgt hier rund 8,3 Meter! Allerdings sucht man hier Temperaturextreme wie jene in Zentral-Alaska vergebens.

Das Meer bestimmt auch das Klima der an der Schnittstelle von Beringmeer und Pazifik liegenden Aleutenkette, der Wetterküche Alaskas. Es kann vorkommen, dass Linienflüge für ein oder zwei Tage wegen Sturm und Nebel ausfallen. Das sollte man bei der Reiseplanung berücksichtigen, genauso wie eine angepasste Kleidung. Keinesfalls dürfen im Reisegepäck Regenschutz und stabiles Schuhwerk fehlen. Auch braucht man den Kopf nicht hängen zu lassen, wenn die Fährfahrt durch die Inside Passage zwei oder drei Tage lang von Regengüssen begleitet wird – mit tage- oder wochenlangem Sonnenschein danach kann durchaus gerechnet werden. Anchorage, an der Grenze von Küste und Inland, hat im Januar eine mittlere Tiefsttemperatur von minus 9°C, der wärmste Monat, Juli, verzeichnet eine mittlere Höchsttemperatur von 14°C, wenngleich 1969 schon einmal satte 29°C im Schatten registriert wurden.

Zentral-Alaska und das Yukon Territory warten mit dem stabilsten Wetter auf, wenngleich es auch eine Region klimatischer Extreme ist. So bewegt sich die Temperatur im Januar in Fairbanks im Mittel zwischen minus 19°C und minus 28°C. 1934 registrierte man hier den Kälterekord von minus 54°C. Dem stehen mittlere Sommertemperaturen von 17°C gegenüber. Im Juli 1919 kletterte das Quecksilber hier sogar auf 37°C im Schatten.

Die arktische Klimazone nördlich des Polarkreises verzeichnet geringere Niederschläge sowohl im Sommer wie auch im Winter (z.B. Prudhoe Bay/Deadhorse: jährlich 50 cm Schneefall, 13 cm Regen). Die Sommer sind kälter und feuchter als die Zentral-Alaskas, die Winter allerdings nicht ganz so extrem kalt.

Veranstaltungskalender

Januar
Polar Bear Jump-off – Seward
   Hechtsprünge in die eisige Resurrection Bay

Februar
Yukon Sourdough Rendezvous Festival – Whitehorse
   Mit vielen verrückten Ideen wird das Ende des Winters und des *Cabin Fever* gefeiert.
   Fur Rendezvous – Anchorage
   Das größte Winterfest Alaskas – allgemein *Rondy* genannt – beginnt am 2. Freitag im Februar mit über 100 Einzelveranstaltungen (u.a. Trapperball, *Rondy-Parade*, *Eskimo Blanket Toss*). Gute Fotomöglichkeiten!
   Yukon Quest Sled Dog Race – Fairbanks
   1600 Kilometer langes Schlittenhunderennen zwischen Fairbanks und Whitehorse (bzw. umgekehrt)

März
World Ice Art Championships – Fairbanks
   Künstler aus aller Welt schnitzen filigrane Eisskulpturen.
   Festival of Native Arts – Fairbanks
   Ureinwohner tanzen und singen. Markt mit kunstgewerblichen Produkten
   Iditarod-Schlittenhunderennen – Anchorage
   Die Teams des längsten Schlittenhunderennens Alaskas jagen über 1860 Kilometer nach Nome am Beringmeer.
   Bering Sea Ice Golf Classic – Nome
   6-Loch-Golf-Course auf dem zugefrorenen Beringmeer

Mai
Crab Festival – Kodiak
   (letzte Maiwoche), 5-tägiges Fest zum Sommerbeginn

Juni
Yukon International Storytelling Festival – Whitehorse
   Trommler, Geschichtenerzähler, Musiker und Theatergruppen versammeln sich, um Geschichten und Legenden aus allen Winkeln der Welt vorzutragen.
   Yukon 800 Marathon Boat Race – Fairbanks
   Motorboot-Wettrennen über 800 Meilen auf dem Yukon nach Galena und zurück (Mitte Juni)

Juli
World Eskimo-Indian Olympics – Fairbanks
   In der 3. Juliwoche messen sich Alaskas Ureinwohner in traditionellen Wettkämpfen und Tänzen.
   Golden Days – Fairbanks
   Die jährlichen Feiern in alten Trachten zum Gedenken des Goldrausches von 1902 finden am 3. und 4. Juli-Wochenende statt.
   Golden Days – Fairbanks
   Größtes Sommerfest Alaskas, u. a. Schönheitswettbewerb der behaartesten Beine und längsten Bärte

August
Discovery Days – Dawson City
   Dawson steht Kopf, wenn der Klondike-Goldrausch zelebriert wird. Paraden und andere Festlichkeiten
   Gold Rush Bathtub Race – Whitehorse
   Hoch geht's her beim längsten und härtesten Badewannenrennen der Welt.

Silver Salmon Derby – Seward
Preisgelder von mehr als 150 000 Dollar locken Angler aus aller Welt.

September
Great Klondike International Outhouse Race – Dawson City
Das etwas andere Wettrennen mit Plumpsklos (*outhouses*) durch Dawson City

Oktober
Alaska Day Festival – Sitka
Mit Paraden und Tänzen erinnert Sitka, die ehemalige Hauptstadt, an den Kauf Alaskas.

Special: Wildnisrezepte

Der Glücksritter Ernest J. Corp, der 1897 mit einigen Kameraden via Edmonton, Athabasca und Mackenzie River zum Gold am Klondike zog, erinnerte sich mit folgenden Worten:

Angekommen in Edmonton fanden wir einen kleinen Prärieort vor mit nur einer einzigen Dorfstraße: Jasper Avenue. Stell dir vor, was für Kochkünstler wir damals waren: Ich schnitt gerade Schinkenspeck, als einer von uns vorschlug, es würde Zeit, uns an unser künftiges Standardessen zu gewöhnen:

Bohnen mit Speck. Also warf ich ein paar Handvoll Bohnen ins kochende Wasser in der Annahme, dass sie zum Abendessen gar sein würden. Aber auch nach etlichen Stunden waren sie noch immer so hart wie die Kugeln meiner Winchester. Tennessy-Jake wollte die Situation retten, machte Hefeklöße und warf sie in kaltes Wasser, frag nicht, was es an diesem Abend zu essen gab! Ja, damals waren wir noch Greenhorns!

Denen, die besser über die Runden kommen wollen, mögen nachfolgende Tipps eine Hilfestellung geben:

Pemmican

Für magere Zeiten kann vorgesorgt werden, indem Fleisch durch Trocknen haltbar gemacht wird. Es wird in dünne Streifen geschnitten, mit Salz bestreut und zum Trocknen aufgehängt. Um die Fliegen abzuhalten empfiehlt es sich, darunter ein kleines Feuer zu machen. Um *Pemmican* zuzubereiten, wird das getrocknete Fleisch ca. 10 Minuten in Wasser gekocht und mit Schmalz zu Brei gerührt. Je nachdem, was in den Vorratsbeuteln vorhanden ist oder die Natur zu bieten hat, kann der Fleischbrei mit wilden Früchten oder fein gehackten Zwiebeln gemischt werden. Anschließend portionsweise in Beuteln aufbewahren!

Old Country Bannock
(Rezept, das einst mit Einwanderern aus Schottland kam)

Man nehme: 150 g Weizenmehl, 150 g Roggenmehl oder Haferflocken, ½ Teel. Salz, 3–4 Teel. Backpulver und 2–3 Essl. Zucker und vermische alle Zutaten gut. 2 Essl. kalter Butter werden in kleinen Stückchen hinzu gegeben und unter esslöffelweiser Zugabe von knapp ¼ Liter Wasser zu einem glatten Teig verarbeitet. Anschließend in einer heißen Pfanne mit etwas Fett von beiden Seiten backen.

Alaska-Highway Special
Dafür braucht man 2 Pfund Steak. Die 2–3 cm dicken Stücke wende man in Mehl und klopfe es mit der flachen Seite des Dolches ins Fleisch hinein. Eine mittelgroße Zwiebel wird in Ringe geschnitten, schnell in 2 Essl. Fett gebräunt und aus der Pfanne genommen. Danach werden die Steaks von beiden Seiten angebraten und mit den Zwiebelringen bedeckt. Hinzugefügt werden 2 Teel. Salz, 1 Teel. Senfpulver, ¼ Teel. Pfeffer, 1 zerhackte Knoblauchzehe, je knapp ¼ Liter Wasser und Tomaten aus der Dose. Alles zusammen in der zugedeckten Pfanne etwa 1¼ Stunden köcheln lassen.

Sauerteig
Spricht man von den Goldsuchern im Norden, kommt die Sprache nach einiger Zeit auf *Sourdough*. Eigentlich ein ganz normaler Teig, doch für den Yukon und Alaska ein Begriff, der für die wilden Jahre des ausgehenden 19. Jahrhunderts steht. So wichtig war er den Burschen damals, dass keiner von ihnen ohne einen Klumpen anständigen Sauerteigansatzes in den Busch zog. Wie sonst hätten sie – die selten an Backhefe herankamen – leckere Brote backen sollen?

Es gibt übrigens eine ganze Anzahl Alaskaner, die behaupten, noch heute einen Sauerteig-Starter zu benutzen, der auf *Uncle Fuzzy* von 1898 zurückzuführen ist.

Der Sauerteig entsteht

Der Sauerteigansatz (*Starter*), der niemals mit Metall in Berührung kommen darf, wird wie folgt hergestellt: 300 g Mehl, ca. ½ Liter warmes Wasser und ein Würfel Hefe (oder ein Tütchen Trockenhefe) werden gut miteinander vermischt. Das Ganze lässt man an einem warmen Platz abgedeckt stehen und ca. 24 Stunden aufgehen.

Mit diesem Sauerteig-Starter wird der Sauerteig zubereitet, indem er mit 300 g Mehl und ca. ¼ Liter warmen Wassers vermischt und über Nacht ebenfalls an einen warmen Ort gestellt wird.

Nach dieser Prozedur, die auf den ersten Blick komplizierter erscheint als sie in Wirklichkeit ist, sind der Sauerteigansatz und die Zutaten zum Sauerteig geworden. Einem leckeren Sauerteigbrot oder einer Pfanne *Bannocks* steht nun nichts mehr im Wege. Um sich jedoch die Mühe des erneuten Ansetzens eines Starters zu ersparen, sollte beim Verwenden des Sauerteigs daran gedacht werden, immer einen Rest zurückzubehalten. Dieser ist jeweils die Basis für die nächste Mahlzeit. Je nach Transportmöglichkeit sollte der Sauerteigrest mit mehr oder weniger Mehl verknetet werden. Man kann ihn als Ball im Mehlbeutel (Dann aber vor Gebrauch mit Wasser verdünnen!) oder als flüssigen Brei in einem Schraubglas transportieren. Der Sauerteig sollte spätestens alle 14 Tage benutzt werden.

Sauerteig-Brot anno 1898

Zunächst einmal benötigt man ca. ¼ Liter Sauerteig, der mit 2 Essl. Öl verrührt wird.

Dann nehme man eine größere Schüssel, in die 500 g Mehl gesiebt und mit 2 Essl. Zucker und 1 Teel. Salz vermischt werden. In diese Mischung wird eine Vertiefung gedrückt, in die der vorbereitete Sauerteig hineingegeben wird. Das ganze nun 10–15 Minuten kräftig kneten. Anschließend wird der Teig in gefetteter Schüssel und abgedeckt für 2–4 Stunden an einen warmen Platz gestellt, wo er seine Größe verdoppelt.

Als Nächstes löse man ¼ Teel. Soda in 1 Essl. Wasser auf und knete es in den Teig. Jetzt sind die Vorarbeiten so weit gediehen, dass 2 Brotlaibe geformt werden können, die auf einem gefetteten Blech wieder solange aufgehen müssen, bis sie aufs Doppelte angewachsen sind. Danach werden die Prachtstücke 50–60 Minuten lang bei 180 Grad gebacken. Guten Appetit.

Sauerteig-Haferflocken-Bannocks

Mit knapp ¼ Liter Sauerteig werden 2 Eier vermischt. Dazu kommen 2 Essl. Zucker, 2 Essl. geschmolzene Butter und 1¼ Teel. Salz. Das Ganze wird mit 125 g Haferflocken und ¼ Liter Milch verrührt. Hiervon werden in einer gefetteten heißen Pfanne kleine Fladen (*Bannocks*) gebacken. Mit Sirup gegessen sind sie eine Köstlichkeit!

NATIONAL GEOGRAPHIC
ADVENTURE PRESS

LUST AUF EIS?

REISEN · MENSCHEN · ABENTEUER

Jon Turk
Abenteuer im Eismeer
Mit Kajak und Hundeschlitten unterwegs
ISBN 3-442-71172-X
Ab September 2002

Abenteuer Ehe, Abenteuer Eismeer: Bei den Expeditionen von Jon und seiner Frau Chris, ob mit Kajak oder Hundeschlitten, verbindet sich beides zu Grenzerfahrungen im ursprünglichen Sinne. Auch wenn das Ziel sich oft als etwas anderes erweist als vermutet ...

John Harrison
Wo das Land zu Ende ist
Von Patagonien in die Antarktis
ISBN 3-442-71173-8
Ab August 2002

Seit Bruce Chatwin ist Patagonien ein klassisches Ziel für Abenteurer. Doch Harrison weiß nicht nur mehr über Geographie, Geschichte und Natur, er gelangt auch weiter nach Süden: Ein Eisbrecher bietet ihm die Chance, zur Antarktis zu gelangen ...

Farley Mowat
Verlorene Wege
Das Schicksal einer Inuit-Familie
ISBN 3-442-71176-2
Ab Oktober 2002

Eine komplexe Geschichte: ein Doppelmord, eine zerstörte Familie, ein vertriebenes Volk. Eine Inuit-Frau macht sich auf die Suche nach ihren Wurzeln und deckt den Hintergrund einer Tragödie auf: die Eroberung von Kanadas Norden durch die Weißen.

So spannend wie die Welt.

NATIONAL GEOGRAPHIC

GOLDMANN

**NATIONAL GEOGRAPHIC
ADVENTURE PRESS**

ABENTEUER IM GEPÄCK

REISEN · MENSCHEN · ABENTEUER

Oss Kröher
Das Morgenland ist weit
Die erste Motorradreise vom Rhein zum Ganges
ISBN 3-442-71165-7
Ab Mai 2002

Deutschland, 1951: Zwei junge, wagemutige Männer wollen raus aus dem Nachkriegsmuff. Mit einem Beiwagengespann machen sie sich auf den Weg nach Indien. Ein spritziger Bericht voll mitreißender Aufbruchsfreude.

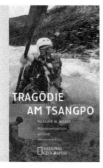

Wickliffe W. Walker
Tragödie am Tsangpo
Wildwasserexpedition auf Tibets verbotenem Fluss
ISBN 3-442-71177-0
Ab September 2002

Unfassbare 2.700 Höhenmeter stürzt sich der Tsangpo in Tibet durch eine der wildesten Schluchten der Welt. Die Erstbefahrung gelang nur um den Preis eines Toten. Ein ungemein packender Expeditionsbericht.

Christian E. Hannig
Unter den Schwingen des Condor
Rad-Abenteuer zwischen Anden und Pazifik
ISBN 3-442-71133-9
Ab Juli 2002

Mit dem Fahrrad ins Abenteuer: Auf seiner Fahrt von Bolivien über die Anden bis nach Lima schließt der Autor Freundschaft mit Indios, gerät in einen Rebellenaufstand und begibt sich auf die geheimnisvollen Spuren der Inka.

So spannend wie die Welt.

☐ NATIONAL GEOGRAPHIC

GOLDMANN